과 교과서가 만난 역사논술

행복한 논술 편집부

4호

역사토론

인물사편

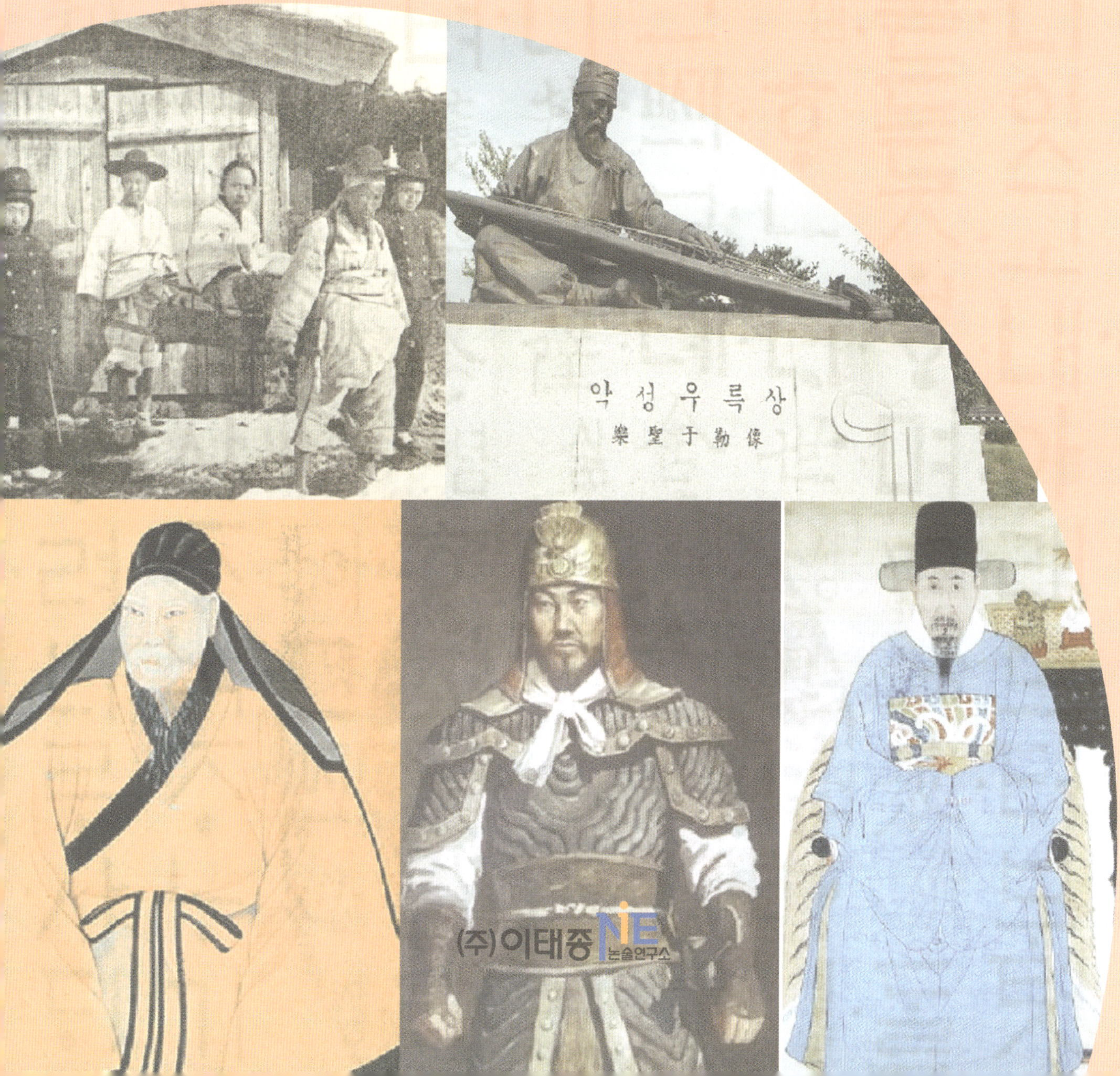

(주)이태종 NIE 논술연구소

『역사토론』의 특징

『역사토론』 시리즈 1권은 주제사 12차시와 인물사 12차시를 통해 우리나라 역사를 심도 있게 공부할 수 있도록 꾸몄습니다. 모든 주제는 시사와 연계해 흥미와 현실감을 높였습니다. 그리고 역사에서 얻은 교훈을 바탕으로 문제 해결 능력과 비판적 사고력, 구술 능력을 극대화할 수 있도록 구성했습니다.

주제사
- ★추석, 우리글, 애완동물, 구휼제도, 풍자문학, 음료수, 용과 우리 문화, 우리 노래, 인쇄술과 출판 문화, 발효식품, 화장품과 화장술, 난방 방식 등 12가지 주제로, 선사 시대부터 현대까지의 역사를 한눈에 살펴볼 수 있게 구성했습니다.
- ★역사적 사실을 비판적 시각으로 재구성하는 토론형 문제를 제시했습니다.
- ★역사적 교훈을 현실 문제와 연결해 논술하도록 했습니다.

인물사
- ★광개토대왕, 진흥왕, 우륵, 김대성, 대조영, 임경업, 박지원, 신윤복, 신재효, 지석영, 전봉준, 김좌진 등 열두 명의 역사적 인물을 소개하며 인물과 관련된 역사를 배웁니다.
- ★역사적 인물이 살던 시대의 특징을 분석했습니다.
- ★역사적 인물을 평가하는 논술 문제를 제시했습니다.

부록
- ★한눈에 보는 한국사 연표
- ★문제 출제 의도와 해설이 담긴 답안과 풀이
- ★지침서는 홈페이지(www.niefather.com)에 탑재
  전화(1577-3537)로 신청하셔도 이메일로 보내드립니다.

차례 보기

인물사편

◆ 광개토대왕과 영토 확장	7
◇ 진흥왕과 신라의 전성기	13
◆ 우륵과 가야금	19
◇ 김대성과 불국사	25
◆ 대조영과 발해 건국	31
◇ 임경업과 병자호란	37
◆ 박지원과 『열하일기』	43
◇ 신윤복과 풍속화	49
◆ 신재효와 판소리	55
◇ 지석영과 종두법	61
◆ 전봉준과 동학농민혁명	67
◇ 김좌진 장군과 청산리대첩	73
◆ 한눈에 보는 한국사 연표	79
◇ 답안과 풀이	81

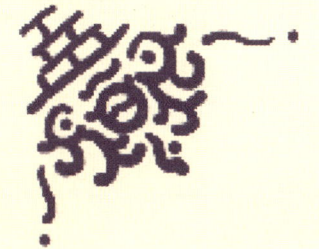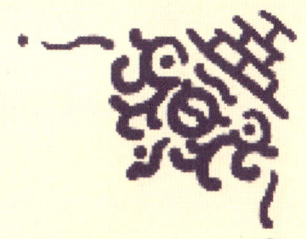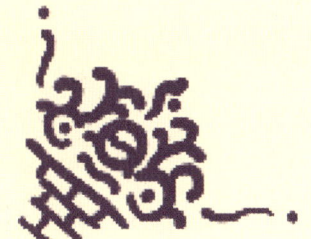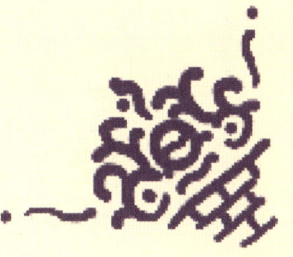

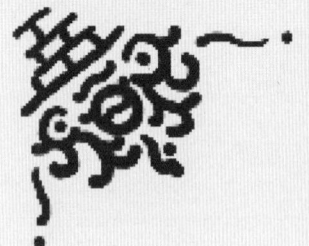
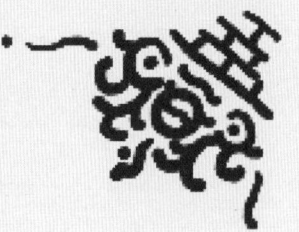

인물사 1

광개토대왕과 영토 확장

고구려 제19대 왕인 광개토대왕(재위 391~413)은 18세의 어린 나이로 왕위에 올라 우리 역사상 가장 활발하게 영토를 확장했습니다. 남북으로 영토를 크게 넓혀 국경 북쪽으로는 만주와 남쪽으로는 한강 이북까지 차지하며, 고구려의 전성시대를 이뤘습니다. 광개토대왕의 일생과 영토 확장의 의미를 탐구합니다.

▲2011년 6월부터 방송 중인 KBS 1TV 드라마 '광개토태왕'의 포스터(왼쪽)와 서울 국립중앙박물관에 전시된 광개토대왕릉비 탁본 사진(오른쪽).

◆ 함께 읽으면 좋은 책

『길 비켜라 고구려가 나가신다』

김남석 지음, 해와나무 펴냄, 160쪽

영토 확장에 힘쓴 광개토대왕의 생애를 동화 형식으로 그렸습니다. 역사적 사실은 별도의 코너를 마련해 깊이 있게 설명했고, 유물·유적 사진을 풍부하게 곁들였습니다. 광개토대왕이 영토를 확장한 과정을 따라가다 보면 대제국을 건설한 힘이 어디서 나왔는지 알 수 있습니다.

강한 고구려를 꿈꾸다

광개토대왕은 태어나면서부터 체격이 크고 용감했으며, 생각이 깊었다. 어렸을 적부터 고구려가 주변 나라들과 영토 다툼을 하는 모습을 보며 자랐다. 그래서 고구려가 북으로는 중국, 남으로는 백제의 침입에 끊임없이 시달리는 것을 항상 안타까워했다.

그는 할아버지 고국원왕(재위 331~71)이 백제와 전쟁을 하다 목숨을 잃어 원수를 갚고 싶었다. 12세에 태자가 되었는데, 강한 나라를 만들겠다고 결심했다. 따라서 사냥을 하며 체력을 단련했고, 전쟁에 직접 참여해 전술을 익혔다.

"이제부터 중국의 연호를 버리고, 영락이라는 연호를 사용하겠소."

391년 광개토대왕은 18세로 왕위에 오르자마자 고구려 최초로 독자적인 연호를 사용했다. 그래서 살아 있을 때는 영락대왕이라 불렸다. '영락'은 중국의 입김에서 벗어나 강대국 고구려에서 백성이 오래도록 즐

▲서울 용산 전쟁기념관에 전시된 광개토대왕의 전투 모습 상상도.

겁게 살게 하겠다는 의지의 표현이었다. 중국이 혼란해진 틈을 타 동북아시아의 중심이 되려는 속셈도 있었다.

광개토대왕은 백제 공격을 시작으로 39세에 세상을 뜰 때까지 땅을 넓히는 정복 전쟁을 계속했다. 고구려를 괴롭히는 나라가 있으면 용서하지 않았다. 덕분에 백성은 편안하게 살았고, 고구려는 그 뒤 100년 가까이 전성기를 누렸다.

이런 뜻이에요

태자 왕의 자리를 이을 왕의 아들.
연호 새 왕이 왕위에 오른 해를 기준으로 특정한 이름을 붙이고 해를 헤아리는 방법. 중국에서 시작되었고, 힘이 약한 주변국은 거의 중국식을 따랐다.
영락 '오래도록 즐겁다'는 뜻.

중국·백제 등과 싸우며 영토 넓혀

광개토대왕은 강한 군사력과 뛰어난 전략을 통해 우리 역사상 가장 넓은 영토를 개척했다. 북쪽으로는 만주와 남쪽으로는 한강 이북까지 차지했다.

광개토대왕은 왕위에 오른 뒤 백제부터 공격했다. 한 달 만에 한강 이북의 성 10곳을 빼앗았다. 승리의 기쁨에 빠진 군사들은 수군 기지인 관미성도 공격하자고 했다. 하지만 광개토대왕은 전략적으로 물러설 때를 알았다. 남·북에 적이 있으므로 어느 한 쪽의 싸움에 매달리지 않았던 것이다.

392년 다시 백제를 공격해 관미성을 빼앗고 서해를 장악했다. 바닷길은 무역을 하고 군사가 이동하는 데 중요한 역할을 했다. 396년에는 한강을 통해 수도 한성을 공격했다. 백제는 고구려의 수군과 육군이 동시에 공격하자 결국 항복했다.

광개토대왕은 신라 왕의 요청으로 400년에 군사를 보내 왜(일본)를 물리쳤다. 이때부터 신라는 고구려에 조공을 바치고 속국이 되었다. 이로써 고구려는 한반도 남쪽 지역

▲고구려 전성기 때의 영토.

까지 영향력을 미쳤다.

고구려가 백제와 다툴 때는 중국의 후연과는 평화적인 관계를 유지했다. 그 뒤 후연이 침입하자 이에 맞섰고, 407년에는 후연을 공격해 타격을 줬다. 410년에는 고구려의 보호를 받으면서도 조공을 바치지 않던 동부여(두만강 유역에 있던 나라)를 정복했다.

이런 뜻이에요

관미성 경기도 파주의 오두산성 또는 강화도 북쪽 지역으로 보고 있다. 관미성 부근은 농사가 잘 되고, 물길을 이용하기 좋아 삼국 모두 탐내는 땅이었다.
조공 힘이 약한 나라가 힘이 센 나라에게 바치는 돈이나 물건.
후연 중국에서 삼국을 통일한 서진이 멸망한 뒤 서로 나라를 세워 혼란했던 시대(304~439)의 나라 중 하나

백성이 편안하게 살도록 정치도 잘해

광개토대왕이 죽자 그의 아들 장수왕(재위 413~91)은 광개토대왕릉비를 세워 "나라는 부강하고 풍족해졌으며, 온갖 곡식이 가득 익었다."고 새겼다. 고구려 사람들이 광개토대왕을 어떻게 평가했는지 알 수 있다.

광개토대왕이 다스릴 때는 백성이 주변 나라들의 침입 걱정 없이 살았다. 또 농업을 발전시켰는데, 전쟁에서 얻은 소를 백성에게 나눠줘 농사에 이용했기 때문이다. 곡식의 생산량이 늘어나자 세금이 많이 걷혀 나라 살림이 넉넉해졌다.

나라가 부유해지자 군인들에게 우수한 무기를 만들어 줘 군대의 힘이 더욱 강해졌다. 말까지 갑옷으로 무장한 고구려 군사가 나타나면 제대로 싸우지도 않고 항복하는 나라도 있었다. 광개토대왕이 영토 확장에 매달린 까닭은 나라의 힘이 땅에서 나온다고 믿었기 때문이다.

광개토대왕이 큰 나라를 유지할 수 있었던 이유는 고구려 백성뿐만 아니라 정복한 지역 사람들의 마음까지 얻었기 때문이다. 새로 개척한 땅에는 고구려와 문화가 다른 사람들이 살았다. 대왕은 그들이 새로 고구려인이 되면 묘지기 같은 직업이나 농사를 지을 땅을 나눠줘 잘살 수 있도록 도

▲장수왕(재위 413~91)이 만든 중국 지린성의 광개토대왕릉비(위 사진)와 광개토대왕릉. 비에는 광개토대왕의 업적을 기록했으며, 왕릉은 당시 고구려의 국력을 가늠할 수 있을 정도로 크게 만들었다.

왔다. 광개토대왕의 포용 정책 때문에 고구려는 점점 더 강해졌다.

생각이 쑤욱

1 광개토대왕릉비에 쓸 왕의 업적을 연표로 정리하세요.

```
386년  12세에 _____
391년  18세에 왕이 됨. _____ 연호 사용
392년  백제의 _____을 빼앗아 서해 장악
396년  백제의 _____
400년  _____
410년  동부여 정복
```

2 신라 왕이 왜가 쳐들어왔다며 도와달라고 했어요. 광개토대왕이 뭐라고 답했을까요?

▲광개토대왕

3 고구려 백성의 입장에서 광개토대왕을 50자로 소개하세요.

 머리에 쏘옥

국내성

국내성은 서기 3년부터 427년까지 고구려의 수도였습니다. 고구려가 성장하는 데 중요한 터전이었지요. 농사 짓기 좋으며, 외적의 공격을 막기 쉽고, 교통이 발달했습니다.

이곳은 현재 중국 지린성 지안현 일대입니다. 광개토대왕릉과 능비, 삼실총 등 고분 7000기와 고분 벽화 등 고구려의 유적을 볼 수 있습니다.

▲중국 지린성의 삼실총 고분 벽화에 그려진 고구려 군사의 모습. 삼실총의 '총'은 주인이 밝혀지지 않은 무덤을 이르는 말이다.

장수왕

장수왕은 고구려 제20대 왕으로 광개토대왕의 아들입니다. 수도를 평양으로 옮기고 남하정책을 폈습니다. 평양은 넓은 평야가 있고, 대동강과 서해를 이용해 다른 나라와 활발히 교역할 수 있었기 때문입니다. 장수왕은 큰 전쟁을 치르지 않으면서 아버지가 이룩한 큰 나라를 더욱 확장했습니다.

4 광개토대왕함은 우리나라 최초의 국산 구축함입니다. 이 배의 이름을 광개토대왕함으로 지은 까닭은 무엇일까요?

☞구축함은 물속에서 폭발하는 어뢰로 적을 공격하는 군함입니다.

▲광개토대왕함의 모습.

 **머리에 쏘옥**

광개토대왕릉비

광개토대왕릉비는 현재 중국 지린성에 있는데, 대왕의 업적을 기리기 위해 장수왕이 414년에 세웠습니다. 비석에는 고구려의 기원과 대왕의 업적, 무덤을 돌보는 일을 기록했습니다.

글씨체가 아름다워 당시 고구려의 문화 수준이 높았음을 알 수 있습니다.

중국에서는 호태왕비라고 부릅니다. 광개토대왕을 '위대한 왕'이란 뜻에서 호태왕으로 부르기 때문입니다.

광개토대왕릉비 등 고구려의 유적이 중국의 신청으로 2004년 유네스코 세계문화유산에 등재되었습니다.

5 광개토대왕을 부르는 이름은 여러 가지입니다. 이름에 담긴 의미를 알아보세요.

- 살았을 때 영락대왕이라고 부른 이유는?
- 광개토대왕에 담긴 뜻은?
- 중국이 호태왕으로 부르는 까닭은?

6 광개토대왕릉비 등 고구려 유적이 우리의 역사임을 세계에 알릴 아이디어를 내세요.(400자).

▲사이버 외교 사절단 반크에서 제작한 고구려 홍보 스티커(왼쪽)와 드라마 세트장으로도 활용돼 국내외 관광객이 몰리는 '고구려 대장간 마을'의 모습.

인물사 2

진흥왕과 신라의 전성기

2012년 6월 서울 금천구 독산동에 신라인이 살았던 마을 터와 도로가 발견됐습니다. 이 유적은 신라 제24대 왕인 진흥왕(재위 540~76)이 한강 지역으로 진출하던 때 만들어진 것으로 추정됩니다. 진흥왕은 백제와 손을 잡고 고구려를 공격해 한강 상류를 차지한 뒤 백제가 되찾은 한강 하류까지 빼앗았습니다. 그리고 가야와 고구려를 공격해 신라의 영토를 크게 넓혀 신라가 전성기를 누리도록 했습니다. 삼국 시대 한강 지역의 중요성을 알아보고, 신라를 크게 발전시킨 진흥왕의 업적을 탐구합니다.

▲서울 금천구 독산동에서 발견된 신라 시대의 우물 터(위 사진)와 굽다리 토기.

함께 읽으면 좋은 책

『신라를 부흥시킨 진흥태왕』
임동주 지음, 마야 펴냄, 158쪽

진흥왕은 화랑도를 만들어 나라에 필요한 인재를 기르고, 불교를 크게 일으켜 왕권을 강화했습니다. 이를 바탕으로 한강 지역을 차지하고, 가야와 고구려를 공격해 신라의 영토를 크게 넓혔습니다. 신라 역사상 최고 넓은 영토를 차지해 전성기를 맞은 진흥왕의 생애와 활약상을 살펴볼 수 있습니다.

왕권 강화 위해 노력… 불교 크게 일으켜

법흥왕(재위 514~40)은 나라 전체가 불교를 믿도록 국교로 정하고, 다른 나라를 정복해 땅을 넓혔다. 하지만 뒤를 이을 아들이 없자 외손자(딸의 아들)인 진흥왕에게 540년 왕위를 잇게 했다. 일곱 살의 나이에 왕이 된 진흥왕은 어머니의 도움을 받으며 나라를 다스렸다. 먼저 귀족들이 어리다고 자신을 무시하는 것을 막기 위해 왕권을 강화하기 위해 노력했다.

신라는 당시 귀족들이 군사적인 일을 결정했기 때문에 왕이 군대를 마음대로 부리지 못했다. 진흥왕은 군대를 장악하기 위해 이사부(?~?)를 병부령(지금의 국방부 장관)에 임명했다. 이사부를 통해 군대를 장악하자 왕권이 강화되었고, 전쟁이 일어나도 군사를 빨리 움직일 수 있게 되었다.

진흥왕 때는 신라와 백제, 고구려가 끊임없이 전쟁을 벌였다. 그래서 많은 장수와 군인이 필요했다. 진흥왕은 청소년을 뽑아 화랑도를 만들었다. 화랑도는 진흥왕이 영토를 넓힐 때 큰 공을 세웠다.

진흥왕은 또 흥륜사 등 절을 많이 짓고 누구나 스님이 될 수 있게 해 불교를 크게 일

▲경북 경주시 사정동 흥륜사 터에서 발견된 기와 조각. 흥륜사는 신라의 첫 번째 절이다.

▲MBC 사극 '선덕여왕'(2009년 5월 25일~12월 22일 방송)에 나온 화랑의 모습.

으켰다. 이렇게 되자 불교를 믿는 백성들이 왕을 따르게 되어 왕권이 더욱 강화되었다.

551년 18세가 된 진흥왕은 어머니의 도움 없이 직접 나라를 다스리기 시작했다.

🔍 이런 뜻이에요

이사부 신라의 장군. 지증왕 때 우산국(지금의 울릉도)을 정복해 신라의 땅으로 만들었다.

비옥한 한강 지역 차지해 부강해져… 중국과 교류도

진흥왕은 자신이 나라를 직접 다스릴 수 있게 되자 백성의 사정을 파악하기 위해 전국을 둘러봤다. 어려운 백성에게는 곡식을 나눠 주고, 무능하거나 백성을 괴롭히는 관리들은 엄하게 다스렸다. 그리고 다른 나라의 침략을 받지 않는 강력한 나라로 만들어야겠다고 다짐했다.

동맹을 맺었던 백제의 성왕(재위 523~54)이 551년 고구려가 차지했던 한강 지역을 함께 공격하자고 제안했다. 그때 고구려는 귀족들끼리 권력 다툼이 벌어져 나라가 혼란에 빠져 있었다. 신라는 백제와 함께 고구려를 공격해 한강 지역을 빼앗아 나눠 가졌다.

▲경기도 화성에 있는 당항성. 신라는 한강 하류를 차지한 뒤 당항성을 쌓고 중국과 직접 교류했다.

진흥왕은 2년 뒤인 553년에는 백제를 공격해 백제가 차지했던 한강 지역을 모조리 빼앗았다. 동맹국에게 배신을 당한 백제는 신라를 공격했지만 실패해 성왕이 관산성 전투에서 전사하고 말았다.

▲북한산에 세운 진흥왕 순수비(현재 국립중앙박물관에 있음).

진흥왕이 한강 지역을 차지한 뒤 신라에는 많은 변화가 생겼다. 우선 비옥한 한강 지역에 신라의 백성을 이주시켰다. 그 뒤 풍부한 곡식을 수확해 백성의 생활이 풍요로워졌다. 또 서해와 이어진 한강을 통해 중국과 외교 관계를 맺고, 그들의 발달한 문물을 받아들였다.

568년 진흥왕은 한강 지역을 직접 돌아보고 그곳이 신라의 영토임을 알리는 내용을 새긴 순수비를 북한산 꼭대기에 세웠다.

이런 뜻이에요

동맹 둘 이상이 서로의 이익을 위해 함께 행동하기로 약속함.
성왕 백제 제26대 왕. 538년 수도를 사비(지금의 충청남도 부여)로 옮기고, 고구려에게 빼앗긴 한강 지역을 되찾기 위해 노력했다.
관산성 충청북도 옥천군에 있던 성.
순수비 순수란 왕이 국토의 각 지역을 돌아보는 것으로, 이때 세운 비석을 순수비라고 한다. 순수비는 국경을 표시하는 역할을 한다.

영토 최대로 넓혀… 순수비 네 곳에 세워

진흥왕은 562년 이사부 장군에게 대가야를 공격하라고 명령했다. 신라와 동맹을 맺은 대가야가 백제를 도와 신라를 공격했기 때문이다. 이 싸움에는 화랑들이 참가해 공을 세웠다. 신라의 공격에 대가야가 무너지자 주변의 다른 가야 연맹 국가들이 줄줄이 신라에 항복했다.

남쪽으로 영토를 넓힌 진흥왕은 북쪽으로 고구려를 공격해 함흥 지역까지 차지했다. 신라의 영토는 나라를 세운 이후 가장 넓어졌다.

561년과 568년 진흥왕은 영토 확장을 기념하고, 신라 땅이 된 곳에 사는 백성의 마음을 달래기 위해 국경 지역을 차례로 돌았다. 그리고 경상남도의 창녕과 북한산(서울과 경기도 고양시 사이에 있음), 함경남도 낙원군 황초령, 함경남도 이원군 마운령 등 네 곳에 영토 확장을 기념하는 순수비를 세웠다. 이를 통해 신라가 강국이 되었음을 널리 알렸다. 그런 뒤 전쟁으로 고생한 신하와 백성을 위로했으며, 정복한 지역의 백성을 신라의 백성과 똑같이 대우해 반란을 막고 나라를 안정시켰다.

신라는 한반도의 동남쪽에 치우쳐 있어 중국과 교류하기 어려웠고, 고구려와 백제의 공격에 늘 시달렸다. 하지만 진흥왕 이후 한강 지역을 중심으로 중국과 직접 교류하고, 화랑도를 잘 운영해 강력한 나라로 성장했다.

▲신라 전성기 때의 영토.

▲경북 경주시 서악동에 있는 진흥왕릉.

 이런 뜻이에요

대가야 경북 고령을 중심으로 발전했는데, 4세기 말부터 가야 연맹을 이끌었다. 가야 연맹은 성산가야, 아라가야, 고령가야, 대가야, 소가야, 금관가야 등 여섯 개 나라를 말한다.

생각이 쑤욱

1 진흥왕은 영토를 크게 넓혀 신라가 강하고 풍요롭게 지내도록 했습니다. 진흥왕이 이처럼 큰 업적을 이룰 수 있었던 이유를 세 가지만 꼽아보세요.

머리에 쏘옥

신라와 백제의 동맹

472년 고구려의 장수왕(재위 412~491)은 수도를 국내성(중국의 길림성에 있던 곳)에서 평양성으로 옮기고 남쪽으로 영토를 넓히려 했습니다. 이에 신라와 백제는 동맹을 맺고 고구려의 침입에 대비했습니다. 동맹을 맺은 신라와 백제는 고구려의 공격을 받으면 서로 도왔습니다.

551년 신라와 백제는 함께 고구려를 공격해 한강 유역을 되찾았습니다.

하지만 진흥왕이 동맹을 깨고 백제를 공격해 한강 하류를 빼앗았습니다. 그 뒤 두 나라는 원수가 됐습니다.

2 진흥왕은 551년부터 어머니의 도움 없이 직접 나라를 다스리게 되었어요. 진흥왕은 신라를 어떤 나라로 만들고 싶었나요?

3 고구려와 백제, 신라는 한강 지역을 차지하기 위해 다투다가 결국 신라가 차지했습니다. 한강 지역이 중요한 이유를 두 가지만 대보세요.

4 신라 청소년 단체인 화랑도를 모집하는 광고문을 만드세요.

 머리에 쏙쏙

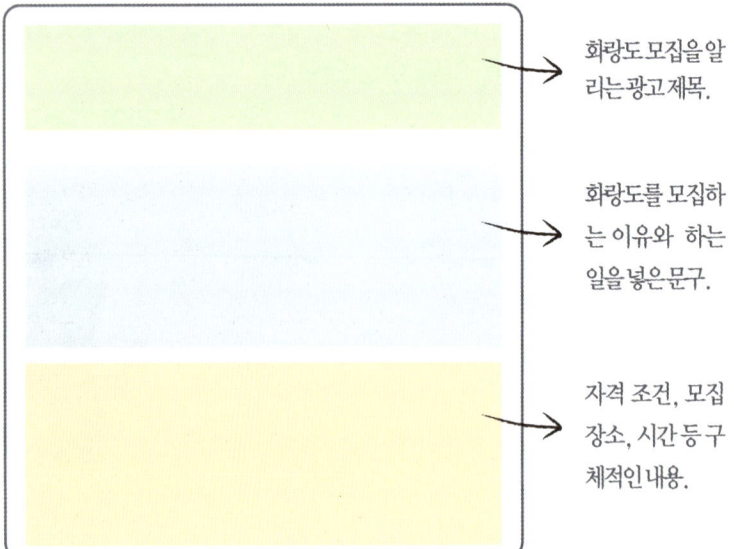

- 화랑도 모집을 알리는 광고 제목.
- 화랑도를 모집하는 이유와 하는 일을 넣은 문구.
- 자격 조건, 모집 장소, 시간 등 구체적인 내용.

화랑도

신라에는 또래의 청소년들이 함께 모여 몸을 단련하고 친목을 다지는 풍습이 있었습니다. 진흥왕 때 이것이 나라에서 관리하는 화랑도로 자리를 잡았습니다.

신라는 당시 나라를 다스릴 관리와 전쟁을 이끌 장수들이 많이 필요했습니다. 화랑도는 이런 인재를 길러내는 역할을 했습니다.

화랑도에 들어갈 수 있는 사람은 대개 15세 정도의 남자 청소년이었습니다. 우두머리인 화랑은 귀족 출신이 많았고, 낭도는 신분에 제한이 없었습니다. 특별한 일이 없으면 30세 정도에 화랑도를 떠났습니다. 화랑은 주로 장수나 관리로, 낭도는 병사나 일반 백성으로 돌아갔습니다.

화랑도는 학문과 무예를 익히는 것 말고도 노래와 춤을 배우고, 산천을 여행하며 수련했습니다.

5 진흥왕이 정복한 지역의 백성이 되어 진흥왕을 칭송하는 문자 메시지를 작성하세요(140자).

☞진흥왕이 정복한 지역의 백성을 어떻게 대우했는지 알아야 합니다.

6 북한산에 세운 순수비에 새길 내용을 진흥왕의 입장에서 대신 써주세요(400자).

☞진흥왕이 영토를 돌아본 이유를 밝히세요. 그리고 신라가 100년 동안이나 백제와 맺었던 동맹을 깨고 한강 지역을 차지한 이유를 생각해보세요.

인물사 3

우륵과 가야금

우리나라 사람들이 가장 좋아하는 전통 악기는 무엇일까요? 가야금입니다. 국립국악원과 KBS 클래식 FM이 9월 3일 방송의 날을 맞아 2011년 7월 27일부터 8월 5일까지 전국의 20세 이상 남녀 1023명을 대상으로 '한국인이 사랑하는 국악'(악기 부문)을 물어본 결과입니다.

고려 시대 김부식(1075~1151)이 지은 『삼국사기』에 따르면 가야금은 6세기경 가야국의 가실왕이 중국의 악기를 본떠 만든 12줄 현악기입니다. 가야의 악사 우륵은 가야금과 전통 음악 발전에 평생을 바쳤습니다. 가야금은 어떤 악기며, 우륵이 가야금 발전에 어떤 영향을 미쳤는지 탐구합니다.

▲ '한국인이 사랑하는 국악' 창작 국악 분야 1위인 숙명가야금연주단의 '캐논변주곡' 연주 모습.

▲정악 가야금.

➡ 함께 읽으면 좋은 책

『가야금의 전설 우륵』
역사인물편찬위원회 지음, 역사디딤돌 펴냄, 157쪽

우륵이 가야금 곡을 만들고 발전시킨 이야기를 시대적 배경과 함께 소개했습니다. 어린 시절부터 음악적 재능이 남달랐던 우륵이 가야금 곡을 만든 이유와 가야금에 대한 그의 열정을 알 수 있습니다.

가실왕 명으로 가야금 연주곡을 만들다

"여러 나라의 말이 다르니 음악이 어찌 같을 수 있을까?"

『삼국사기』에 따르면 가야금은 6세기경 가야의 가실왕이 중국 악기인 쟁을 보고 만들었다고 한다. 우륵이 살던 가야는 통일된 하나의 나라가 아니라, 말이 다른 부족 연합체가 모여 이뤄진 나라였다. 지리적으로는 신라와 백제 사이에 끼어 있었기 때문에 주변 나라의 공격을 자주 받았다. 따라서 가실왕은 백성의 마음을 하나로 묶기 위해 가야금을 만든 뒤 궁중 악사였던 우륵에게 이 악기의 연주곡 12곡을 만들도록 명했다. 학자들은 우륵이 가야금을 만드는 작업에도 중요한 역할을 했을 것으로 보고 있다.

가야금 모양에는 가야인의 생각이 담겨 있다. 가야금의 위쪽은 하늘처럼 둥글고 아래는 땅처럼 평평한데, 그 사이가 빈 것은 하늘과 땅 사이의 빈 공간을 뜻한다. 가야금이 12줄인 것은 1년 12달을 의미한다. 우륵이 지은 12곡은 악보가 남아 있지 않고 곡 이름만 알 수 있다. 학자들은 12곡 가운데 '보기'는 공을 가지고 노는 곡예에, '사자기'는 사자춤에 쓰인 음악으로 추정한다. '하가라도'와 '상가라도' 등 나머지 곡은 대부분 가야 지방의 이름으로, 해당 지역의 정서를 담았을 것으로 보고 있다.

▲우륵

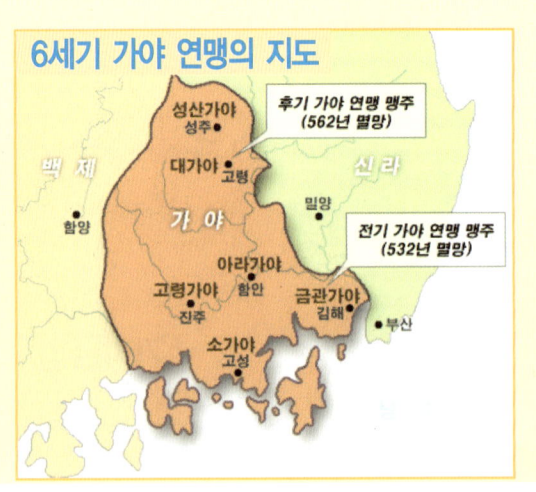

이런 뜻이에요

가야 서기 전후부터 562년까지 낙동강 하류에 있던 부족 연맹 왕국. 철 가공 기술이 뛰어나고 문화 수준이 높다. 지금의 경북 고령 지역에 있던 대가야가 5세기이후부터 주축이 되었다.

쟁 삼국 시대부터 전해진 중국의 13줄 현악기.

신라에 가야금 전파… 전통 음악 발전에 기여

"가야가 신라에게 망하는 것은 막을 수 없지만, 가야금을 지키고 가야금 곡을 세상에 퍼뜨리는 일은 내 힘으로 해야겠다."

우륵은 가야가 멸망하기 11년 전인 551년 가야금을 들고 신라의 진흥왕(재위 540~76)을 찾아갔다. 가야금이라는 이름은 '가야에서 온 현악기'라는 뜻으로, 이때 생겼다.

신라는 한강 유역을 차지하고 세력을 키우는 중이라 그에 맞는 음악이 필요했다. 진흥왕은 우륵을 국원(지금의 충주)에 살게 하고, 신하 세명(계고, 법지, 만덕)을 제자로 보내 가야금을 배우도록 했다. 우륵은 세 제자의 능력에 맞게 각각 가야금을 연주하는 법과 노래, 춤을 가르쳤다. 신라의 제자들은 우륵의 가야금 곡을 신라의 정서에 맞게 5곡으로 고쳤다. 우륵은 처음에 제자들의 행동에 화를 냈지만 곧 받아들였다. 우륵은 새로운 곡을 "즐거우면서도 어지럽지 않고, 애련하면서도 슬프지 않다."고 평가했다. 뒤에 가야금은 노래와 춤의 반주 악기로 신라에 널리 퍼졌다.

우륵이 가야금을 연주하던 곳을 퉁길 '탄', 가야금의 '금'자를 따 '탄금대'라고 불렀다. 탄금대 아래쪽에는 가야금 소리에 끌려 사람들이 마을을 이루고 살았다.

▲우륵이 가야금을 타는 동상. 충북 충주의 우륵당에 있다

 이런 뜻이에요

진흥왕 한강 유역을 차지하고 대가야를 정복하는 등 군사·문화적으로 삼국 통일의 기반을 닦은 신라 제24대 왕.

가야금, 전통 음악의 주축이 되다

가야금은 진흥왕 때부터 전통 음악의 주축이 되었다. 통일신라 때는 거문고, 비파와 함께 신라의 3대 현악기가 되었다. 오늘날에는 가곡 반주, 가야금 병창, 가야금 산조 등 전통 음악 전반에 사용된다.

가야금은 울림통과 안족, 줄로 구성된다. 소리는 부드럽고 맑으며, 감정을 풍부하게 표현할 수 있다. 울림통은 5년 이상 말린 오동나무로 만드는 데, 뒤판의 속은 파낸다. 줄은 명주실을 꼬아 만든다. 기러기발 모양의 안족은 줄을 받치는 받침대다.

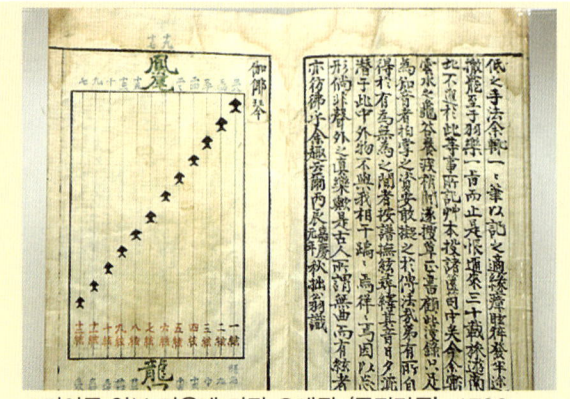
▲가야금 악보 가운데 가장 오래된 '졸장만록'. 1796년 쓰였으며 작자는 알려져 있지 않은 가야금 반주곡이다. (대전광역시립연정국악원 소장)

가야금은 무릎 위에 올려놓고 연주한다. 왼손은 안족 뒷편의 줄 위에 얹고 줄을 흔들거나 누른다. 오른손은 줄을 뜯거나 밀고 퉁겨 소리를 낸다. 한 음씩 정확히 연주하지 않아도 되는데, 줄의 떨림으로 원래 음 외에 여러 가지 음을 낼 수 있다.

▲가야금 산조 중요무형문화재 23호 이영희 씨가 가야금을 연주하는 모습.

가야금은 19세기에 들어 독주 악기로도 쓰이며 모양이 변한다. 빠른 장단을 연주하기 쉽게 새로 만든 것을 산조 가야금이라 한다. 주로 궁중 음악에 쓰이던 우륵의 가야금은 정악 가야금으로 불렀다. 산조 가야금은 정악 가야금보다 크기가 작고 줄과 줄 사이의 간격이 짧았다. 현대에는 창작 국악이나 퓨전 국악에 18현이나 25현 등 줄의 수를 달리한 개량 가야금도 등장했다.

이런 뜻이에요

비파 짧은 자루와 타원형 몸체의 현악기. 4줄의 당비파와 5줄 향비파가 있다. 현재 악기만 전해지고 주법은 알 수 없다.
가야금 병창 가야금을 연주하며 혼자 또는 여럿이서 판소리 가운데 한 대목이나 민요 등을 부르는 연주 방식.
가야금 산조 가야금만으로 연주하는 기악 독주곡.

생각이 쑤욱

1 우륵이 가야금의 발전을 위해 한 일은 무엇인가요?

2 우륵이 가야금을 만들었을 때 고구려에는 거문고가 있었습니다. 가야금과 거문고의 공통점과 차이점은 무엇인가요?

	가야금	거문고
공통점		
차이점		

3 우륵은 가야가 망하기 전 가야금을 들고 신라로 갔습니다. 우륵이 이렇게 한 까닭은 무엇일까요?

 머리에 쏘옥

거문고

▲조선 전기에 만들어진 거문고. (대구 김헌수 소장)

거문고는 굵고 낮은 소리를 내는 6줄의 현악기입니다. 3줄은 16개의 괘 위에, 나머지 3줄은 안족 위에 얹어 놓습니다.

연주할 때는 대나무로 만든 볼펜 크기 정도의 술대를 오른손 2, 3째 손가락 사이에 끼고 줄을 뜯거나 아래로 내려칩니다.

『삼국사기』에 따르면 중국 진나라에서 7줄의 악기인 칠현금을 고구려에 보냈는데, 연주법을 아는 사람이 없었어요. 그때 왕산악이 악기를 고쳐 연주했는데, 검은 학이 날아와 춤을 췄다고 합니다. 그래서 '현학금'이라 불렀고, 이것이 오늘날 거문고로 바뀌었습니다.

우륵박물관

경북 고령에 있으며, 우륵의 생애와 가야금에 대해 살펴볼 수 있습니다. 가야금과 우륵의 영상물도 볼 수 있고, 가야금 연주 체험도 할 수 있습니다.

▲가야금 모양을 한 우륵박물관.

④ 우륵은 제자들이 자신의 곡을 고쳤을 때 언짢았지만 곧 받아들였습니다. 우륵이 음악을 어떻게 생각했기 때문일까요?

머리에 쏘옥

세계 최고 벨기에 왕립악기박물관에 전시된 가야금

▲벨기에 왕립악기박물관에 전시된 가야금 등 우리 전통 악기들.

가야금이 2011년 7월부터 2012년 말까지 1년 반 동안 세계 최고의 악기박물관으로 유명한 벨기에 왕립악기박물관 한국 전통 악기 전시장에 전시됩니다. 전시된 악기는 가야금과 대금 등 20점입니다.

담당 학예관은 "한 나라의 악기 전시회를 1년 반 동안이나 계속하고, 영구 전시를 계획하는 것은 한국 전통 음악과 악기에 대해 높이 평가하기 때문."이라고 말했습니다.

⑤ 쟁을 보고 만든 가야금을 우리의 전통 악기라고 할 수 있을까요? 자신의 의견을 조리있게 발표하세요.

▲중국 송나라 시대의 쟁.

⑥ 우리 악기인 가야금과 관련 음악을 세계인에게 알릴 아이디어를 내보세요(500자).

▲서울 국립국악원에서 2011년 6월 20일부터 7월 1일까지 열린 '2011 국제국악연수'에서 가야금을 연주하는 외국인들.

인물사 4

김대성과 불국사

신라 천 년의 문화와 세계 각국의 문화를 한자리에서 체험할 수 있는 '2011 경주 세계문화엑스포'가 '천 년의 이야기-사랑, 빛 그리고 자연'을 주제로 8월 12일부터 10월 10일까지 경주에서 열립니다.

올해 여섯 번째를 맞는 경주엑스포는 47개국이 참석한 가운데 전시와 공연 등 100여 개의 행사가 치러집니다.

'경주' 하면 떠오르는 문화 유산이 있습니다. 통일신라 시대 김대성(700~74)이 지은 불국사와 석굴암입니다. 우리나라뿐만 아니라 세계가 인정한 문화 유산이기도 합니다. 불국사와 석굴암에 대해 알아보고, 김대성이 불국사와 석굴암을 세운 배경을 탐구합니다.

▲ '2011 경주세계문화엑스코' 포스터.

➜ 함께 읽으면 좋은 책

『불국사에 핀 연꽃 김대성』
역사인물편찬위원회 지음, 역사디딤돌 펴냄, 173쪽

김대성이 태어나기 전의 시대적 배경과 태어날 무렵 신라의 상황이 폭넓고 자세하게 담겨 있습니다. 김대성의 탄생 일화는 물론 그가 불국사와 석굴암을 세운 배경도 재미있게 그려놓았습니다. 관직에서 물러나 죽기 전까지 24년 동안 불국사와 석굴암 짓기에 전력을 다한 김대성을 만나볼 수 있습니다.

어지러운 신라… 두 번 태어난 아이

"신라 제31대 왕인 신문왕 때의 일이다. 경주시 모량리에 대성이라는 아이가 살았는데, 집이 매우 가난해 어머니가 부잣집에 품팔이를 해 겨우 생활을 꾸렸다. 어느 날 대성이 '하나를 시주하면 그 만 배의 행복을 누리게 될 것이오.'라는 스님의 말을 듣고 그동안 어렵게 마련한 밭을 시주하고 얼마 뒤에 죽었다. 죽는 날 밤 재상 김문량(?~711)의 집에 다시 태어나 전세의 어머니도 모셔다 살았다."

▲김대성

『삼국유사』에 전하는 김대성의 탄생 설화다. 김대성이 태어난 무렵 신라는 나라 안팎으로 많은 변화를 겪고 있었다. 당나라(중국)는 점점 힘을 잃어갔으며, 바다 건너 일본은 수시로 신라를 공격할 틈을 엿봤다. 신라는 또 가뭄과 지진 등 계속되는 자연 재해에 시달렸다. 해마다 재해가 거듭되자 굶주리는 백성이 넘쳤고, 사회는 혼란스러웠다.

김대성이 745년 아버지 김문량의 뒤를 이어 중시에 올랐을 때도 천재지변은 계속되었고, 나라 안팎으로 어지러운 일이 끊이지 않았다. 김대성은 각 지방에 관리를 보내 전염병과 굶주림으로 힘들게 사는 백성들을 보살폈다. 그는 임금을 받들어 나라를 안정시키고 백성을 어질게 다스리는 데 최선을 다했다. 하지만 백성은 가난에 허덕이며 나라와 임금을 원망했다.

> 이런 뜻이에요
>
> **『삼국유사』** 고려 시대 일연(1206~89)이 지은 신라·고구려·백제 삼국의 역사서.
> **시주** 절이나 스님에게 물건을 바침.
> **전세** 불교에서 말하는 삼세의 하나. 이 세상에 태어나기 전의 세상을 말한다.
> **중시** 신라 최고의 행정관부인 집사부의 최고 책임자. 임금 다음으로 높은 자리다.

불국사와 석굴암을 짓다

▲경주 토함산의 석굴암.

'지금 백성에게는 그들의 마음을 어루만져 줄 큰 힘이 필요해.'

중시 자리에 있던 김대성은 혼란스러운 나라 상황을 보며 걱정이 깊어졌다. 751년 경덕왕은 김대성에게 흩어진 백성의 마음을 한데로 모을 수 있는 큰 절을 세우라고 명했다. 사람들이 부처의 가르침을 따르기를 바랐던 김대성은 신라가 크게 발전하기를 바라는 뜻을 담은 웅장한 절을 짓기로 마음먹었다. 그리고 오랫동안 부모님을 위해 아름다운 절을 짓고 싶었던 자신의 꿈도 펼치기로 했다.

김대성이 절을 설계하는 데만도 일 년이 넘게 걸렸다. 평지도 아닌 토함산 중턱에 절을 짓자니 많은 어려움이 따랐다. 산에서 흘러내린 줄기의 남쪽을 층층으로 잘라 석축을 쌓고, 오르내릴 수 있는 돌계단과 돌사다리도 놓았다. 그는 잠시도 쉬지 않고 머리에 그린 모습대로 절을 짓는 일에 매달렸다.

『삼국유사』에 따르면 불국사와 석굴암은 신라 경덕왕 10년 김대성이 왕명을 받고 만들기 시작했다. 그는 전세의 부모를 위해서는 석굴암을 만들고, 지금의 부모를 위해서는 불국사를 지으려고 했다. 하지만 그가 불국사와 석굴암을 완성하지 못하고 죽자 제36대 왕인 혜공왕(재위 765~80) 10년 나라에 의해 완성을 보았으니, 30여 년의 세월이 걸렸다고 기록하고 있다.

▲경주 불국사 전경.

이런 뜻이에요

경덕왕 신라 제35대 왕(재위 742~65). 왕권 강화를 위해 여러 가지 정책을 펼쳤고, 제도 개혁에도 힘썼다.

불국사 안에는 다보탑과 석가탑 만들어

불국사에는 신라에 부처의 나라, 즉 이상적인 세계를 만들려고 했던 신라인의 꿈이 담겨 있다. 불국사 곳곳에 있는 돌계단과 탑, 건물 등은 모두 부처의 나라를 나타낸다. 불국사는 석가모니 부처의 나라를 뜻하는 대웅전을 포함해 비로자나 부처의 나라를 표현한 비로전과 아미타 부처의 나라를 나타내는 극락전 등 여러 불상을 모신 건물로 구성돼 있다. 불국사 안에는 다보탑과 석가탑, 청운교와 백운교 등 많은 국보급 문화재가 있다. 신라인들이 불국사를 이렇게 꾸민 이유는 부처의 나라가 따로 있는 것이 아니라 내가 사는 곳이 부처의 나라임을 나타내기 위해서였다.

석굴암은 토함산 중턱의 동해가 바라보이는 곳에 자리 잡았다. 자연석을 다듬어 둥글게 쌓은 뒤 흙을 덮어 굴처럼 보이게 한 인공적인 석굴 사원이다. 석굴암은 앞의 네모난 모양의 전실과 본존불이 놓인 원형으로 된 주실, 전실과 주실을 연결하는 통로로 이뤄진다. 통로의 입구와 좌우 벽, 기둥, 주실 안에는 매우 사실적이고 섬세한 수많은 불상이 조각돼 있다.

석굴암과 불국사는 1995년 세계문화유산으로 지정돼, 천 년이 지난 지금까지도 신라인의 뛰어난 예술성과 과학성을 보여준다.

▲석가탑의 모습.

▲다보탑의 모습.

이런 뜻이에요
비로전 진리의 세계를 다스린다는 비로자나불을 주된 부처로 모시는 사찰 건물.
극락전 미래의 세계를 다스린다는 아미타불을 모시는 사찰 건물.
본존불 '으뜸가는 부처'라는 뜻으로 석가모니불을 말하며, 절의 중앙에 있다.

생각이 쑤욱

1 김대성이 불국사와 석굴암을 만들 무렵 신라의 상황을 한 문장으로 정리하세요.

▲경주 불국사에 있는 청운교(아래쪽)와 백운교.

2 김대성이 평지가 아닌 토함산에 중턱에 석굴암을 만든 이유는 무엇일까요?

▲2011년 4월 28일 한국조폐공사가 내놓은 '한국의 인물 시리즈 메달' 39차분 김대성.

3 '2011 경주세계문화엑스포' 마지막 날에는 다보탑 모형에 관람객의 소원을 적은 종이를 붙여 만든 소원탑을 태워 하늘로 날려 보내는 행사를 엽니다. 내가 관람객이라면 어떤 소원을 빌고 싶나요?

머리에 쏘옥

석가탑은 '무영탑'

▲아사달과 아사녀의 전설이 어린 경주시 외동읍 괘릉리에 있는 영지.

석가탑을 '무영탑'이라고도 합니다. 무영탑은 이 탑을 지은 백제의 석공 아사달과 아내 아사녀의 슬픈 사랑 이야기에서 비롯되었습니다.

아사달이 탑을 짓느라 여러 해 동안 돌아오지 않자 아사녀가 남편을 찾아 갑니다. 하지만 탑이 완성될 때까지는 만날 수 없다고 해 탑의 그림자가 비칠 것이라는 연못가에서 기다렸지요. 이튿날부터 아사녀는 온종일 연못을 들여다보며 탑의 그림자가 비치기를 기다렸어요. 그러나 끝내 탑의 그림자가 떠오르지 않자 기다리다 지친 아사녀는 아사달에게 나쁜 일이 생긴 것으로 짐작해 연못으로 뛰어들었습니다. 한편 석가탑을 완성한 뒤 연못을 찾은 아사달 역시 아내의 죽음을 알고 아사녀를 부르며 연못으로 뛰어들었답니다.

훗날 사람들은 석가탑을 그림자가 비치지 않는 탑이라 해 '무영탑'으로 부르게 되었습니다.

4 석굴암을 세계에 알리기 위해 엽서를 만들려고 합니다. 엽서에 담을 그림을 추천하고, 추천 이유도 말해보세요.

머리에 쏘옥

석굴암의 방향

석굴암이 향한 방향은 동동남 30도입니다. 이 방향은 동짓날 해가 뜨는 방향(29.4도)과 거의 일치합니다. 본존불이 있는 곳은 매일 새롭게 떠오르는 태양을 상대하는 자리로, 동해의 수평선에서 태양이 떠오르면 그 빛을 가장 먼저 받는다고 합니다.

5 김대성이 현대에서 산다면 나라를 위해 어떤 건물을 지었을까요?

과학이 숨겨진 석굴암

석굴암은 원래 출입문이 열려 있고, 원형으로 된 석굴 안으로 빛이 간접적으로 들어왔답니다. 그리고 공기가 잘 통할 수 있는 구조로 지었다고 해요.

하지만 일제강점기에 원형 석굴의 일부를 뜯어내고 콘크리트를 발랐는데 석상 표면에 물기가 맺히고 곰팡이가 생기기 시작했다고 합니다.

지금의 석굴암은 석굴이 완전히 밀폐돼 기계의 힘으로 습기를 없애고 있습니다.

6 문화재청과 불국사는 석굴암 인근에 석굴암 모형관 건립을 추진하고 있어요. 그런데 유적 환경 파괴를 걱정해 이를 반대하는 목소리와 석굴암 보존과 관람객의 관람권을 보장하려면 대체 관람 시설이 필요하다고 찬성하는 주장이 맞서 있어요. 내 생각은 어떤가요?

▲일제강점기 때 일본이 보수하기 전의 석굴암.

인물사 5

대조영과 발해 건국

발해의 건국 이야기가 담긴 대조영 우표가 2011년 11월 발행됐습니다. 이 우표는 발해가 우리나라의 역사임을 널리 알리기 위해 만들었습니다. 대조영은 고구려가 망한 뒤 유민을 모아 발해를 세웠습니다. 발해는 고구려의 옛 땅을 거의 되찾았습니다. 지금의 중국 만주 지역과 러시아 연해주, 북한 지역에 걸친 대제국입니다. 대조영의 업적과 발해 건국에 담긴 뜻을 탐구합니다.

◀왼쪽 위부터 시계 방향으로 당나라에 대항하는 대조영, 천문령 전투에서 승리한 대조영, 해동성국 발해, 발해 건국을 표현한 우표.

◆ 함께 읽으면 좋은 책

『고구려를 잇는 발해를 세우다 대조영』
한예찬 지음, 주니어랜덤 펴냄, 127쪽

발해 건국에 힘쓴 대조영의 생애를 동화 형식으로 그렸습니다. 역사적 사실은 별도의 코너에서 자세히 설명했습니다. 대조영이 나라를 잃은 슬픔을 딛고, 발해를 세우기까지의 과정을 보면서 우리 역사에 자부심을 느낄 수 있습니다.

나라 잃은 설움 겪으며 자라

'나라가 있어야 사람답게 살 수 있다. 고구려를 반드시 다시 일으켜 세울 것이다.'

당나라가 고구려인들을 노예처럼 부리는 모습을 보고 대조영(재위 698~719)이 한 결심이다. 나라가 망해도 고구려인들은 당나라에 끈질기게 저항했다. 당나라는 유민이 다시 나라를 세울까봐 고구려의 왕과 높은 관리들을 강제로 당나라에 데려갔다. 그때 아버지가 고구려 장군이었던 대조영의 가족도 당나라 영주로 끌려갔다. 낯선 땅에서 고된 일을 하고, 감시를 받으며 먹을 게 없을 정도로 세금을 많이 내는 등 비참하게 살아야 했다.

대조영은 아버지에게서 대제국 고구려 이야기를 자주 들었다. 고구려의 후손임이 자랑스러웠고, 유민들이 나라를 잃은 고통을 겪는 것이 안타까웠다.

696년 대조영은 영주가 혼란한 틈을 타 고구려 유민과 말갈족을 이끌고 요동으로 탈출했다. 용맹스럽고 전략이 뛰어났던 대조영은 추격하던 당나라군을 천문령(중국 하남성에 있을 것으로 추정)에서 막아냈다.

당나라의 손아귀에서 벗어나 백성을 편히

▲대조영의 일대기를 다룬 드라마 '대조영'(KBS 1 TV 2006~2007년 방송)의 한 장면. 대조영이 당나라와 전투에서 이긴 것을 기뻐하는 모습(위 사진)과 발해 왕이 된 모습.

살게 하고 싶었던 대조영은 698년에 새 나라인 발해를 세웠다. 719년 대조영이 죽자 '나라를 세우고 고구려를 일으킨 왕'이라는 뜻에서 '고왕'으로 불렸다.

이런 뜻이에요

유민 망해 없어진 나라의 백성.
영주 당나라의 도시 중 하나. 고구려 유민뿐 아니라 말갈족과 거란족 등 여러 부족이 당의 지배를 받으며 이곳에서 살았다.
말갈족 6~7세기경 만주 북동부부터 한반도 북부에 이르기까지 살던 소수 민족.
요동 중국 요하라는 강의 동쪽 지방. 지금의 요녕성 동남부 일대.

고구려 잇는 발해 건국

"이곳 동모산에서 고구려의 역사를 이어 나가리라."

고구려가 멸망한 지 30년이 되던 해인 698년의 일이었다. 대조영은 '나라를 크고 위대하게 만들겠다.'는 뜻으로 자신의 성을 '대'라고 정했다. 그리고 나라 이름을 '진'이라고 했다가 나중에 '발해'로 바꿨다.

옛 고구려의 영토는 당나라와 신라의 힘이 미치지 않아 주인이 없는 땅이나 마찬가지였다. 신라가 고구려의 수도였던 평양성조차 손에 넣지 못했고, 고구려인들도 신라에 흡수되지 않았기 때문이었다. 그래서 대조영이 고구려의 옛 성들을 공격한다는 소식이 들리면 당나라 장수는 도망하기 바빴고, 고구려의 유민들은 성문을 열어줬다. 대조영은 싸움에서 계속 이겼으며, 따르는 군사와 백성도 나날이 늘었다. 발해는 고구려의 옛 땅을 거의 되찾았다.

발해 백성 가운데 말갈인이 많았다. 하지만 왕족인 대씨와 귀족인 고씨 등 고구려 출신이 중심이 되어 발해를 다스렸다. 말갈인은 소나 말을 기르는 생활 방식은 유지했지만 고구려인의 지배를 받았다.

발해의 유물과 유적을 보면 고구려와 비슷한 점이 많음을 알 수 있다. 일본에 보낸 외교 문서에 발해 왕은 스스로를 고구려 왕이라고 하며, 고구려를 이어받았음을 분명히 밝혔다. 발해는 926년까지 약 230년간 유지했다.

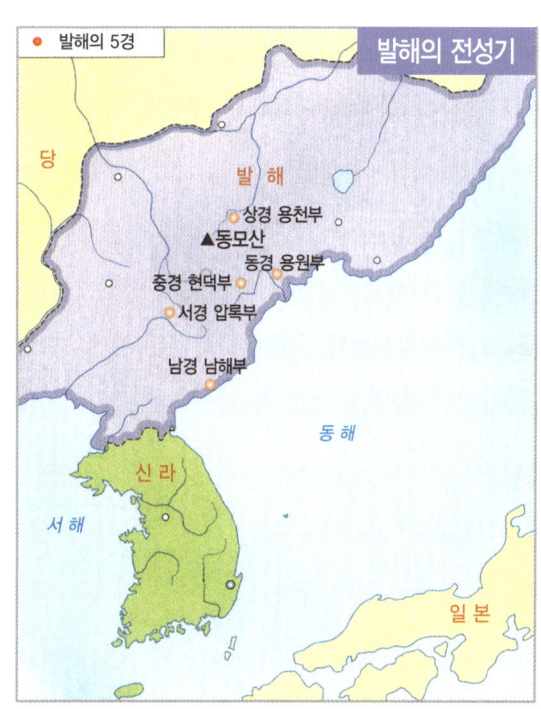

▲중국 지린성에 있는 발해의 첫 도읍지 동모산.

독자적인 민족 문화 발전시켜

발해의 건국으로 우리 역사는 남쪽에는 신라, 북쪽에는 발해가 있는 남북국 시대를 맞았다. 발해는 나라를 세운 초기 당나라를 견제하기 위해 당과 맞서는 돌궐과 친하게 지냈다. 당나라는 발해가 못마땅했지만 현실적으로 공격할 힘이 없었다. 발해의 힘이 점점 강해지자 위협을 느낀 당나라는 사신을 보내 화해를 청했다.

발해는 국제적으로는 돌궐·일본과 친하게 지내고, 신라와 당은 견제하는 등 동북아시아의 힘의 균형을 유지하기 위해 노력했다. 또 독자적인 연호를 사용하며 대외적으로 중국과 대등함을 내세웠다. 왕을 황제와 같은 뜻인 '황상'으로 불렀을 정도로 자부심도 강했다. 제10대 선왕(재위 818~30) 때는 당나라가 발해를 동쪽의 번성한 나라라는 뜻에서 '해동성국'이라고 부를 만큼 발전했다.

▲중국 지린성에서 발굴된 깃털 모양의 관장식.

발해는 고구려 문화를 바탕으로 민족 문화를 발전시켰다. 발해의 무덤과 절터 양식, 기와 문양 등을 보면 고구려 양식을 이어받았음을 알 수 있다. 특히 온돌은 고구려와 발해 유적에서만 볼 수 있던 것이다. 발해 왕이나 왕비의 관에 꽂는 금으로 만든 장식도 고구려인의 모자에 깃털로 만든 장식을 꽂던 전통을 이은 것이다.

▲러시아 연해주에서 발굴된 발해의 온돌 유적지.

이런 뜻이에요

돌궐 6세기 중반부터 약 200년간 몽골 고원에서 활동하던 유목 민족.
연호 새 왕이 왕위에 오른 해를 기준으로 특정한 이름을 붙이고 해를 헤아리는 방법. 중국에서 시작했고, 힘이 약한 주변국은 대다수가 중국식을 따랐다.

생각이 쑤욱

1 대조영이 발해를 건국한 과정을 정리하세요.

영주에서

동모산에

▲대조영 영정

2 발해가 고구려를 이은 나라임을 알 수 있는 근거를 세 가지 이상 대세요.

3 대조영 우표에 소개된 발해 문화재로 기념품을 만들려고 해요. 상품 기획서를 만들어봐요.

만들 기념품

기대되는 효과

머리에 쏘옥

발해의 도읍지

　발해의 첫 도읍지인 동모산은 적을 막기에 유리했어요. 산이 나지막하지만 주변이 평지라 산 위에 성을 세우면 높은 곳에서 적군과 싸울 수 있었습니다. 지금은 산성이 있는 산이라는 뜻에서 '성산자산'이라고 부릅니다.

　나라가 발전하자 도읍을 중경, 상경 등으로 옮겼습니다. 이 가운데 오랫동안 발해의 수도 역할을 하고 번성했던 곳이 상경입니다. 상경 용천부는 계획에 따라 건설된 도시여서 도로가 바둑판 모양으로 잘 정비되어 있었습니다.

　지금은 궁전과 절 등 주요 건물의 터와 성곽이 남아 있지요. 궁전 터에서 온돌 시설을 발굴했고, 돌사자와 기와, 석등 등 유물이 많이 나왔어요.

▲발해 문화의 웅대함을 알 수 있는 거대한 석등. 연꽃무늬는 강하고 힘찬 고구려 미술을 이어받았다.

4 러시아와 중국 등에 있는 발해 유물을 더 찾고 싶은데, 그 나라의 허락을 받아야 해요. 어떻게 설득하면 그 나라들이 우리에게 유물을 발굴할 수 있도록 허락할까요?

 머리에 쏘옥

정효공주의 무덤

정효공주(757~92)는 발해의 제3대 임금인 문왕(재위 737~93)의 넷째 딸입니다. 정효공주의 무덤은 보존 상태가 좋아 발해 연구에 귀중한 자료입니다. 무덤 안의 벽화를 통해 발해인들의 얼굴 모습을 확인할 수 있습니다. 고구려 벽화와 그리는 방법은 비슷했지만, 무덤 위에 탑과 건물을 짓는 방식은 발해의 독특한 문화였습니다.

5 발해를 바라보는 주변 나라들의 입장을 알아보고, 우리나라의 입장에서 설명하세요.

중국에는 여러 민족이 산다. 발해는 중국 여러 민족의 역사 가운데 하나다.

발해는 말갈인이 세운 나라다. 또 문화적으로 러시아 지역의 영향을 많이 받았다.

발해는

▲중국 지린성에 있는 정효공주의 무덤. 위부터 무덤의 바깥, 옆면, 내부 벽화.

6 발해에 대해 알려진 것이 많지 않아요. '발해역사관'을 만들자고 제안해보세요(400자).

▲왼쪽부터 강원도 속초시 속초시립박물관에 있는 발해역사관 전경. 복제한 정효공주 묘의 벽화를 관람하는 관광객. 발해 옷 입기를 체험하는 학생들.

왜 필요한가?   어떤 유물과 프로그램이 있으면 좋을까?

인물사 6

임경업과 병자호란

임경업(1594~1646)은 조선 시대의 장군입니다. 임경업 장군이 살던 때 중국 청나라(1636~1912)가 쳐들어와 전쟁(병자호란)이 벌어졌습니다. 우리 임금은 청나라 황제 앞에 나아가 무릎을 꿇었고, 왕자는 인질로 잡혀가는 등 수난을 당해야 했습니다. 임경업 장군은 청나라에 끝까지 저항하는 용기와 의지를 보여줬습니다. 해마다 연평도에서는 임경업 장군을 '바다의 신'으로 모시고, 고기가 많이 잡히도록 제사를 지냅니다. 병자호란은 왜 일어났으며, 그때 임경업 장군은 어떻게 활약했는지 탐구합니다.

▲임경업 장군의 모습.

➔ 함께 읽으면 좋은 책

『임경업전』

하상만 지음, 청솔 펴냄, 152쪽

임경업 장군의 삶을 그렸습니다. 우리 민족이 청나라에게 침략당할 때는 안타까움을 느끼고, 임 장군이 청나라를 물리치는 모습에서는 통쾌함을 맛볼 수 있습니다. 장군이 어떤 생각을 가지고 살았으며, 백성은 그를 어떻게 생각했는지 알 수 있습니다.

어려서부터 장군의 꿈 품고 전쟁 놀이 즐겨

▲충북 충주에 있는 임경업 장군 사당인 충렬사(왼쪽)와 그곳에 보관된 장군의 칼 '추련도'.

임경업은 어린 시절 전쟁 놀이를 자주 했는데, 똑똑하고 힘이 세 장군 노릇을 했다. 놀이였지만 골목길을 지나던 어른이 자기 편 땅을 지나치려 하자 막아설 정도로 당찼다. 장군이 되기를 꿈꿨던 그는 산에서 5년 가까이 무예를 닦고, 병법을 익히는 데 힘썼다. 25살에 군인을 뽑는 시험인 무과에 합격했다.

임경업은 1624년 이괄(1587~1624)이 자신의 벼슬이 낮은 것에 불만을 품고 일으킨 반란을 제압해 능력을 인정받기 시작했다. 당시 인조(재위 1623~49) 임금이 서울인 한양에서 충남 공주로 피란할 정도로 위급한 상황이었다.

1633년에는 서북쪽 국경 지역인 의주의 책임자가 되어 성을 쌓고 북방을 튼튼히 지켰다. 1627년 한 차례 우리나라를 쳐들어왔던 중국 후금이 그때 수시로 싸움을 걸어왔다. 임경업 장군은 후금의 소규모 부대가 국경을 침범할 때마다 따끔하게 혼내주었다. 이렇게 되자 그의 용맹함이 중국에까지 떨치게 되었다. 병자호란 때 임경업이 지키던 산성을 피해 진격해 한양을 공격할 정도였다.

임경업은 용맹을 떨치며 한결같은 마음으로 나라를 사랑했다. 청나라 황제가 용감하고 지략이 뛰어난 그를 설득해 자기 부하로 삼으려 했지만 끝까지 거부했다. 나라를 침범한 청나라를 무찔러야 한다고 믿었기 때문이다.

> 💡 이런 뜻이에요
>
> **후금과 청나라** 후금은 1616년 여진족이 만주 지역을 통일하고 세운 나라인데, 1636년 나라 이름을 청으로 바꿨다. 청나라는 1636년부터 1912년까지 중국을 지배했다.

명과 친하다고 청에서 침략… 병자호란 일어나

1636년 청나라가 우리나라를 쳐들어와 병자호란이 일어났다. 그때 중국 땅에는 명나라와 청나라가 있었는데, 청나라가 명나라의 땅을 빼앗으려고 해 사이가 나빴다. 우리나라는 명나라와 친하게 지내면서 청나라를 오랑캐라고 멀리했다. 청나라는 명나라를 공격하기 전에 명나라와 친한 우리나라를 굴복시키기 위해 명나라와의 관계를 끊으라고 요구했다. 하지만 우리나라는 명나라와의 의리를 중시해 요구를 무시했다. 화가 난 청나라는 우리나라를 공격했다. 이것이 바로 병자호란이다.

우리나라는 전쟁이 난 지 불과 45일 만에 항복했다. 인조 임금은 한양이 청나라 군대의 손에 넘어가자 남한산성으로 피해 구원병이 오기를 기다렸다. 하지만 청나라 군대에 겹겹이 막혀 구원병을 기대하기 어려웠다. 겨울이라 날씨가 추운데다 먹을 것도 부족했다.

성 안에서는 끝까지 싸우자는 신하와 항복하자는 신하로 나뉘었다. 강화도로 피신한 왕자들과 많은 백성들이 잡혔다는 소식까지 전해졌다.

병자호란 당시 지도

▲인조 임금이 청나라 황제에게 항복하는 모습. 삼전도비 곁에 세워져 있다.

인조 임금은 어쩔 수 없이 청나라 황제에게 무릎을 꿇어야 했다. 그리고 청나라가 시키는 대로 우리나라가 항복한 사실을 삼전도비에 새겼다. 두 명의 왕자도 청나라에 인질로 끌려갔고, 관리와 그들의 가족은 물론 많은 백성들이 잡혀갔다.

 이런 뜻이에요

명나라 한족이 세운 중국의 통일 왕조. 1368년부터 1644년까지 중국을 지배했다.
남한산성 경기도 광주시 중부면 산성리 남한산에 있는 산성.

청나라 무찌르지 못하고 억울하게 죽어

전쟁에 지자 백성들의 살림살이가 더욱 어려워졌다. 오랑캐라고 무시하던 청나라를 받들어야 하는 마음의 상처도 컸다.

임경업 장군과 백성들은 전쟁이 끝난 뒤에도 청나라를 무찌르겠다는 의지를 버리지 않았다. 그는 전쟁 중에도 청나라의 서울을 공격하자고 했으나, 항복하자는 신하들의 반대에 밀려 뜻을 이루지 못했다. 결국 자기 나라로 돌아가던 청나라 군대를 공격해 포로로 잡혀가던 백성들을 구하는 것으로 만족해야 했다.

청나라는 강화조약에 따라 명나라를 공격하는 데 수시로 우리 군사를 보내달라고 요청했다. 그때마다 주로 임경업 장군이 군사를 이끌고 갔다. 하지만 그는 오히려 명나라와 비밀리에 연락해 함께 청나라를 치려고 했다. 그러다 이러한 사실이 발각돼 청나라로 잡혀가게 되었는데, 도중에 명나라로 탈출했다.

명나라에서 장군이 된 임경업은 다시 청나라를 공격했지만 포로가 돼 우리나라로 보내졌다. 끝까지 청나라를 무찌르려 했던 임경업 장군은 나라를 배반했다는 누명을 쓰고 죽임을 당하고 말았다.

▲임경업 장군을 추모하는 사당에 걸린 장군의 모습.

백성들은 청나라에 끝까지 맞섰던 임경업 장군을 존경했다. 나중에 장군의 이야기가 소설로 쓰여 널리 읽히기도 했다. 임경업 장군은 백성들의 마음에 살아남아 마을을 지키는 수호신이 되기도 하고, 물고기를 많이 잡게 돕는 바다의 신으로 섬겨지기도 했다.

> 💡 **이런 뜻이에요**
> **강화조약** 전쟁을 하는 나라들이 서로 합의해 전쟁을 끝내기 위해 맺는 평화 조약.

생각이 쑤욱

1 임경업 장군이 어떤 인물인지 세 문장으로 소개하세요.

2 병자호란이 일어난 원인이 무엇인지 정리하세요.

3 임경업 장군은 지금까지 여러 지역에서 신으로 모시고 있어요. 나는 임경업 장군에게 무엇을 기원하고 싶나요?

비나이다. 비나이다.
_____
_____ 하게 해 주소서.

머리에 쏘옥

충북 충주 충렬사

임경업 장군의 충절을 기리기 위해 세운 사당이며, 충북 충주시 단월동에 있습니다. 숙종 23년(1679)에 세웠고, 영조 3년(1727)에 사당 이름을 충렬사라 정했지요. 장군이 사용했던 유품을 전시하고 있으며, 사당 앞 왼쪽에는 장군 부인의 곧은 절개를 기리기 위해 세운 비석도 있어요.

'삼전도의 굴욕'과 삼전도비

삼전도는 서울 송파구 삼전동에 있던 한강 상류의 나루였습니다. 청나라가 쳐들어오자 남한산성에 피신했던 인조 임금은 1637년 1월 30일(음력) 성에서 나와 삼전도에서 청나라 태종 황제에게 무릎을 꿇었지요. 이 사건을 '삼전도의 굴욕'이라고 해요.

1639년에는 태종이 전쟁에서 승리한 내용을 증명하는 비석을 삼전도에 세우도록 우리나라에 강요해 삼전도비를 세워야 했습니다.

▲삼전도비

생각이 쑤욱

4 다음은 병자호란이 끝난 뒤 우리나라와 청나라 사이에 맺은 강화조약의 일부입니다. 이 내용을 본 우리 백성의 심정을 1분 동안 말해보세요.

- 조선은 청나라에 신하의 예를 행한다.
- 조선은 명나라와의 관계를 끊는다.
- 조선은 왕자와 신하의 자녀를 인질로 보낸다.
- 청나라가 명나라를 칠 때는 군대를 보낸다.
- 황금과 물품을 바친다.
- 성곽을 수리할 때는 허락을 받는다.

5 병자호란을 겪은 뒤 청나라에 관한 백성들의 생각이 둘로 나뉘었어요. 어떤 주장이 옳다고 생각하는지 의견을 밝히세요.

> 오랑캐에게 항복하는 일은 있을 수 없어. 지난날 청나라에게 당한 치욕을 갚기 위해 청나라를 정벌해야 해.

> 지금까지 무시했던 청나라지만 우리나라보다 문물이 훨씬 발달했어. 청나라의 기술을 빨리 받아들여야 해.

6 병자호란 때처럼 우리나라가 다른 나라의 침략을 받지 않으려면 어떻게 해야 할지 말해보세요(400자).

☞병자호란이 왜 일어났는지 설명하고 해결책을 찾아요. 이밖에 당시 조선이 어떤 나라였다면 청나라가 함부로 하지 못했을지 생각해보세요.

인물사 7

박지원과 『열하일기』

 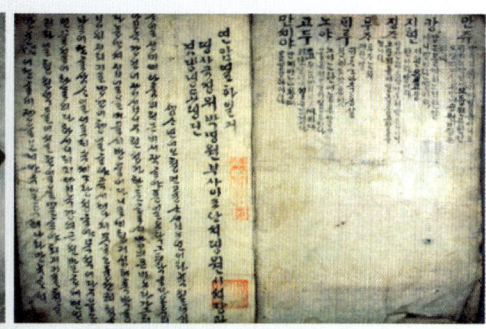

▲박지원의 아들이 베껴 쓴 『열하일기』(왼쪽)와 1859년에 한글로 옮긴 것으로 보이는 『열하일기』 (일본 도쿄대 소장).

　18세기 실학자이자 소설가인 박지원(1737~1805)의 유적지가 경남 함양군 안의면 금천리에 2014년까지 복원됩니다. 박지원은 1792년 이곳 안의현감으로 와서 일한 적이 있습니다. 그는 백성의 실생활에 도움이 되는 학문인 실학을 강조했고, 양반제도를 비판한 여러 편의 소설도 발표했습니다. 그는 중국의 열하를 다녀와 쓴 기행문인 『열하일기』를 통해 그곳의 신문물과 실학을 소개했습니다. 그런데 내용이 너무 개혁적이어서 조선 시대가 끝날 때까지 책으로 출간되지 못했습니다. 그래서 베껴 쓴 것들을 비교하며 지금껏 연구 중이지요. 박지원의 삶과 『열하일기』의 가치를 탐구합니다.

◆ 함께 읽으면 좋은 책

『박지원이 들려주는 열하일기』
이규희 지음, 세상모든책 펴냄, 196쪽

　박지원이 직접 자신의 이야기를 들려주는 형식입니다. 어린 시절은 물론 중국에서 보고 듣고 느낀 점을 쓴 글을 보여줍니다. 그 글이 바로 『열하일기』지요. 박지원이 어떤 생각을 가지고 살았으며, 그것이 『열하일기』에 어떻게 드러나 있는지 알 수 있습니다.

과거 시험 포기하고 백성의 삶 개선 위해 힘써

박지원은 글솜씨가 빼어나기로 유명하다. 하지만 열다섯 살이 될 때까지 책을 멀리했다. 그는 책을 읽는 대신 남이 하는 이야기를 즐겨 들었으며, 보고 들은 것을 자세히 설명하는 일을 잘했다. 그의 장점을 안 친척은 그에게 이야기가 있는 역사책을 소개했다. 그때부터 박지원은 책을 읽는 재미에 흠뻑 빠졌다.

주변 사람들은 그에게 과거를 보라고 했다. 과거에 합격해 벼슬을 얻어야 편히 살 수 있었기 때문이다. 하지만 그는 중국의 옛날 책들을 외워 쓰는 과거가 싫었으며, 깨닫고 실천하는 일이 중요하다고 생각했다. 백성을 돌보지 않고 자기 욕심만 채우는 관리들의 행동도 실망스러웠다.

▲박지원의 초상화

박지원은 과거를 포기하는 대신 백성의 생활을 더 낫게 하는 방법을 연구했다. 신분이 낮은 사람들과도 친구로 지내며, 그들이 능력을 펼칠 수 있게 해달라는 글을 임금님께 올렸다. 또 『열하일기』와 같은 글을 써 나라를 발전시킬 생각을 다른 사람에게 알렸다. '양반전'과 같은 소설을 써 양반을 꾸짖기도 했다.

50살에는 능력을 인정받아 과거를 보지 않고 관리가 되었다. 중국의 앞선 기술을 소개하는 등 어떻게 하면 백성을 잘살 수 있게 만들지 고민했다.

 이런 뜻이에요

과거 나라에서 관리를 뽑기 위해 치르는 시험. 주로 중국의 옛 책에서 문제를 내는데, 한문으로 본다.

백성 위해 나라 개혁 주장한 『열하일기』 지어

▲조선 후기의 지도(왼쪽)와 『열하일기』에 나오는 청나라의 수레 그림(오른쪽).

 박지원은 1780년 우리나라인 조선을 대표해 중국 청나라 황제의 생일을 축하하러 간 사절의 일행이었다. 그는 우리나라를 출발해 청나라의 수도 연경(지금의 베이징)을 거쳐 황제의 여름 별장인 열하(지금의 청더)까지 여행하는 과정을 자세히 기록으로 남겼다. 장소를 이동하며 보고 듣고 느낀 점을 날짜별로 일기처럼 썼다. 거기에 평소 공부한 내용을 합쳐 모두 26권에 담았다. 이것이 『열하일기』다.

 『열하일기』에는 '허생전' 같은 소설과 시도 지어 넣고, 청나라 사람들과 나눈 대화를 옮겨 적기도 했다. 경치와 풍습을 감상한 내용뿐만 아니라 상공업을 발전시켜야 나라가 발전한다고 주장하는 실학자의 눈으로 관찰해 썼다. 청나라는 당시 우리나라보다 기술이 앞선 부분이 많았다. 예를 들어 중국의 수레를 소개한 뒤 백성의 편리를 위해 우리나라도 수레를 쓰자고 주장했다. 수레처럼 백성의 생활을 더 편리하게 만들 지혜와 기술도 꼼꼼히 써 넣었다. 생활에 도움이 되지 않는 학문과 체면을 중시하는 양반제도 등 우리나라 사회의 잘못된 점도 비판했다. 정치와 경제, 역사와 문화 등 다루지 않은 분야가 없을 정도였다.

 이런 뜻이에요

청 1616년부터 1912년까지 중국을 지배했던 통일 왕조 이름. 만주족이 세웠다.
사절 나라를 대표해 일정한 목적을 가지고 외국에 가는 사람.

양반은 싫어했지만 오늘날에도 가치가 커

『열하일기』는 특히 젊은이들에게 인기가 많았다. 책이 완성되기 전에 손으로 베껴 돌려 읽을 정도였다. 다양한 분야의 새로운 지식이 많이 담겼기 때문이다. 점잖고 어려운 말만 쓰지 않고, 속담과 대화를 그대로 옮겨 쓴 글투도 호응이 좋았다.

양반들은 『열하일기』를 못마땅하게 여겼다. 그래서 조선 시대에는 책으로 출간하지 못했다. 그때는 청나라를 오랑캐라고 무시했기 때문에 그 나라의 새로운 문물을 배워 나라를 부강하게 만들자는 생각이 달갑지 않았다. 더구나 양반을 비판하는 내용이 많았는데, 대표적으로 '허생전'과 '호질'은 굶어도 일을 안 하고 백성을 괴롭히는 양반의 행동을 날카롭게 꼬집었다.

『열하일기』는 청나라의 새로운 문물에 관한 정보도 담겨 있다. 수레와 물레방아, 베틀 등 생활을 편리하게 해주는 물건과 사람 또는 동물의 똥을 거름으로 사용하는 신기술을 소개해 널리 퍼졌다.

우리나라와 중국의 문화 교류에도 큰 역할을 했다. 열하에 가면 박지원의 공덕비가 있

▲『열하일기』에 소개한 물레방아를 박지원이 직접 만들어 사용한 것을 기념해 만든 경남 함양군 연암물레방아공원의 모습.

을 정도다. 우리나라와 중국 사이의 외교 사항이 잘 드러나 있기 때문에 중요한 역사 자료로서도 가치가 크다. 여행 과정을 세밀하고 생생하게 표현해 문학적으로도 높이 평가된다. 또 '허생전'은 조선 시대를 대표하는 풍자문학이다.

 이런 뜻이에요

풍자문학 한 시대 사회의 모순과 불합리성을 과장하거나 비유하는 등의 형식을 통해 비판하는 문학.

생각이 쑤욱

1 박지원이 누구인지 모르는 친구들에게 한 문장으로 소개하세요.

▲ 경남 함양 안의초등학교 교정에 있는 박지원의 사적비.

2 『열하일기』는 조선 시대에는 책으로 출간되지 못했는데, 왜 그랬을까요?

3 『열하일기』가 중국에서 책으로 나왔어요. 독자에게 어떤 내용인지 소개하는 머리말을 써보세요(200자).

머리에 쏘옥

박지원과 실학

실학이란 실제로 생활에 도움 되는 것을 연구하는 학문을 말해요.

박지원이 살던 조선 시대 양반은 예의나 인격 수양만 강조했어요. 하지만 이론만 강조하는 학문으로는 백성의 경제 문제를 해결하기 어려웠지요.

실학자들은 나라를 다스리는 데 도움이 되는 지식과 백성을 잘살게 할 방법을 찾으려고 노력했어요.

학자마다 주장하는 바가 달랐지요. 농민에게 땅을 나눠준 뒤 과학적인 농사 기술을 알려주자는 사람들도 있었어요. 박지원은 상공업이 나라를 부강하게 만들 것이라 생각했어요. 그래서 청나라의 발전된 문물을 받아들이자고 주장했지요. 상공업을 천하게 여기는 사람들을 비판하고, 신분에 상관없이 능력에 따라 벼슬을 주자고 했어요.

이러한 그의 생각이 『열하일기』에 모두 들어 있답니다.

4 '허생전'과 '양반전' 등 박지원의 작품으로 드라마를 만들려고 해요. 제작 계획서를 만드세요.

> 만들고 싶은 작품 :
>
> 만드는 이유 :
>
> 시청 대상 :

5 박지원이 만들고 싶었던 세상은 어땠을까요? 광고 문구를 만들어요.

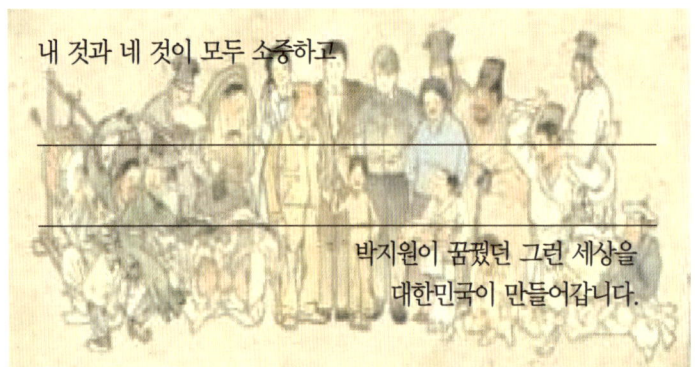

내 것과 네 것이 모두 소중하고
_____
_____
박지원이 꿈꿨던 그런 세상을
대한민국이 만들어갑니다.

6 박지원은 백성이 잘사는 나라를 만들려고 했어요. 국민이 다 함께 잘살려면 나라를 다스리는 사람들이 어떻게 해야 할까요(400자).

☞ 박지원 등 실학자의 주장을 살펴보고, 오늘날 적용 가능한 점을 찾아봐요. 자기가 생각한 사회의 문제점을 말하고, 해결책을 내놔도 좋아요.

머리에 쏘옥

박지원의 작품

박지원이 쓴 글을 모두 모은 것이 『연암집』입니다.

『연암집』의 '양반전'은 무능력한 양반을 비판하는 이야기입니다. 가난한 양반은 곡식을 빌렸지만 갚을 능력이 없어요. 이것을 본 부자가 돈을 주고 양반 자리를 삽니다. 부자는 양반이 하는 일을 듣고는 도둑이나 다름없다고 생각해요. 부자는 결국 양반이 되기를 포기하지요.

『열하일기』의 '허생전'은 박지원이 생각하는 바람직한 양반의 모습을 보여줍니다.

선비 허생은 가난해 벼슬 공부를 포기해요. 대신 당시 양반이 무시하던 장사를 시작하지요. 부자가 된 허생은 가난한 사람들을 도우며 삽니다.

▲강원도 정선군 아라리촌에는 '양반전'의 내용을 표현한 동상이 있다.

신윤복과 풍속화

▲세련되고 단아한 조선 시대 미인의 모습을 엿볼 수 있는 '미인도'. (간송미술관 소장)

조선 시대는 어떤 사람을 미인으로 생각했을까요. 혜원 신윤복(1758~?)의 '미인도'를 보면 알 수 있습니다. 서울 성북동에 있는 간송미술관은 2011년 10월 16일부터 2주 동안 '풍속인물화대전'을 통해 3년 만에 '미인도'를 선보였습니다. 신윤복은 화려한 색채와 사실적인 묘사로 조선 후기의 생활 모습을 그린 풍속화가입니다. 그는 당시 생각하기 어려웠던 파격적인 그림을 주로 그렸는데, 그 까닭은 무엇일까요. 신윤복의 그림 세계와 풍속화를 탐구합니다.

▲섬세한 붓질로 여인을 많이 그렸다고 신윤복(사진)을 여자로 상상해 만든 SBS 드라마 '바람의 화원'(2008년 방송)의 한 장면.

함께 읽으면 좋은 책

『혜원 신윤복』

민병삼 지음, 피터팬 펴냄, 157쪽

신윤복의 생애와 그의 그림을 이야기로 만날 수 있습니다. 신윤복은 그림에 소질이 뛰어났지만, 화가로서의 삶은 쉽지 않았습니다. 신윤복의 작품을 통해 그의 예술 세계와 풍속화에 대해 알 수 있습니다.

조선 시대 그리기 꺼리던 여인 모습 많이 그려

신윤복은 '단오풍정'과 '월하정인' 등 풍속화 30점을 묶은 『혜원전신첩』과 '미인도' 등으로 유명하다. 우수한 작품성에 비해 그의 삶에 관해 알려진 것은 많지 않다.

윤복은 1758년 그림에 재주가 많은 집안에서 태어났다. 증조할아버지와 할아버지, 아버지 4대가 모두 도화서의 화원으로 일해 어려서부터 자연스럽게 그림을 접했다.

윤복이 특히 영향을 많이 받은 사람은 아버지 신한평(1726~?)이었다. 아버지는 영조(재위 1725~76)와 정조(재위 1776~1800)의 초상화를 그릴 정도로 솜씨가 좋은 화원이었고, 75세까지 도화서에서 활동했다. 윤복은 도화서 화원이 되었지만, 그림 실력을 발휘할 기회를 잡지 못했다. 당시에는 권력의 집중을 막기 위해 아버지와 아들이 같은 곳에서 일할 수 없도록 한 제도가 있었기 때문이다. 따라서 윤복은 도화서에 얽매이지 않고 이곳저곳을 떠돌며 자신이 그리고 싶은 작품을 마음껏 그렸을 것으로 추정하고 있다.

윤복은 당시 사회에서 남들이 그리기를 꺼리던 주제를 많이 그렸다. 『혜원전신첩』에서 여인이 없는 그림은 한 점도 없을 정도로 여인의 모습을 많이 담아냈다. 그의 그림은 색깔이 화려하고 묘사가 세밀한 점이 두드러진다. 윤복은 1813년경에 그린 작품까지 확인돼 그 뒤에 죽었을 것으로 보인다.

▲『혜원전신첩』중의 '월하정인'. 달빛 아래 남녀의 모습을 대담하게 그렸다. (간송미술관 소장)

 이런 뜻이에요

도화서, 화원 도화서는 조선 시대 그림 그리던 일을 맡아보던 관청이고, 화원은 도화서에서 일하던 직업 화가를 말한다.

산수화 등 다양한 분야의 그림에도 능해

윤복의 풍속화 작품들은 당시 살림과 복식(옷과 장신구) 등을 사실적으로 표현해 조선 후기 생활상과 멋을 생생하게 전해준다. 윤복은 특히 양반의 사생활을 솔직하게 그렸는데, 그때는 그러한 작품이 많지 않아 파격적이었다. 또 조선 여인의 다양한 모습을 실감나게 묘사했다.

인물화로 가치가 큰 '미인도'는 신선한 충격을 주었다. 조상을 공경하고 제사를 중시한 조선 시대에는 후손에게 조상의 정신을 전하려고 초상화를 그리는 게 일반적이어서 여인의 초상화는 없었기 때문이다. '단오풍정'은 단옷날 여인들의 모습을 세련되고 화사하게 나타냈다. 가는 붓을 사용해 옷이나 동작, 배경을 섬세하게 그렸고, 빨강, 노랑, 파랑 등 원색으로 입혔다. 물감도 귀했지만 화려한 색은 사람의 마음을 흐리게 한다고 여겨 잘 사용하지 않았던 때였다.

▲『혜원전신첩』중 '단오풍정'. 단옷날 창포물에 머리를 감고 그네를 뛰는 여인의 모습을 그렸다. (간송미술관 소장)

윤복은 이밖에도 배를 타고 자연을 즐기는 뱃놀이, 항아리에 화살을 던져 넣는 투호 놀이, 윷놀이와 비슷한 쌍륙, 산과 계곡을 찾아가 봄을 즐기는 답청 등 양반의 놀이 문화도 화폭에 많이 담았다.

하지만 윤복이 양반과 여인을 소재로 한 화려한 풍속화만 그린 것은 아니다. 소나무를 소재로 한 '송정아회' 등 품격 있는 산수화나 '두 장닭'처럼 새나 짐승을 소재로 한 영모화에도 뛰어났다. '담배썰기'와 '어물장수' 등 서민의 모습을 담은 풍속화도 그렸다.

▲ '송정아회'. 소나무 숲과 집의 모습을 그렸다. (간송미술관 소장)

풍속화에는 옛날 사람들의 생활 모습 담겨

▲ 왼쪽 그림은 신윤복의 '주사거배'(간송미술관 소장)로, 양반들이 술을 사 먹는 모습을 담았다. 오른쪽 그림은 김홍도의 '주막'(국립중앙박물관 소장)인데, 서민들이 주막에서 음식을 사 먹는 모습이다.

풍속화는 그 시대 사람들이 사는 모습을 그린 그림이다. 윤복이 살던 조선 후기에는 풍속화가 유행했다. 실제 생활에 도움이 되는 것을 연구하자는 실학이 그림에도 영향을 주었기 때문이다. 따라서 실제의 모습을 정확히 그리려고 했다.

풍속화는 김홍도(1745~1806)에 이어 윤복 때 절정을 이뤘다. 윤복은 김홍도의 영향을 많이 받았지만, 윤복의 '주사거배'와 김홍도의 '주막' 작품에서 보듯 뚜렷한 차이가 있었다. 윤복이 양반의 생활을 세밀하게 그렸다면 김홍도는 서민의 생활을 간결하게 그렸다. 또 김홍도는 서민에게 친숙한 풍경을 재치 있고 익살스럽게 표현했고, 윤복은 강렬한 색깔을 사용해 주변 배경과 사람들의 옷차림까지 자세히 그렸다. 따라서 윤복의 풍속화를 통해 조선 후기 양반 문화를 알 수 있으며, 복식사 연구에도 귀중한 자료가 된다.

'주사거배'의 맨 오른쪽 양반은 왜 특이한 옷을 입고 화난 표정이며, 맨 왼쪽의 상투를 튼 사람은 무엇을 하는 것일까. 풍속화는 이렇게 그림에 담긴 이야기를 읽으며 감상하게 돼 있다. 그림 속 인물의 모습과 행동을 이리저리 추측해 당시 생활을 짐작한다. 또 오른쪽 위에서 왼쪽 아래 사선 방향으로 감상하는 게 자연스럽다. 당시에는 그런 방향으로 글을 읽고 썼기 때문이다.

생각이 쑤욱

1 화가로서 신윤복은 어떻게 살았는지 두 문장으로 정리하세요.

2 신윤복의 그림 특징이 잘 드러나게 신문 기사 제목을 생각해 보세요(20자 이하).

제목 :

부제목 : 10월 16~30일, 간송미술관서 '풍속인물화대전' 열려

3 신윤복의 그림을 넣은 기념품을 만들려고 합니다. 제품 계획서를 만드세요.

◀신윤복의 '단오풍정'이 그려진 찻잔 세트가 11월부터 영국 대영박물관 안의 기념품점에서 판매되고 있다.

만들 기념품	
활용할 작품	
작품을 선정한 이유	

머리에 쏘옥

간송미술관과 신윤복의 작품

▲간송미술관의 '풍속인물화대전'을 보려는 사람들이 길게 줄을 섰다.

서울 성북동에 있는 간송미술관은 민족문화재 수집가인 간송 전형필(1906~62)이 일제강점기에 개인 돈으로 수집한 문화재를 소장하고 전시하는 우리나라 최초의 사립 미술관입니다. 『혜원전신첩』과 '미인도' 등 신윤복의 작품을 많이 소장하고 있습니다. 1971년부터 봄·가을로 정기전을 열어 유물을 주제별로 선보입니다.

『혜원전신첩』

『혜원전신첩』은 국보 135호로, 신윤복의 풍속화 30점을 엮은 화첩입니다. 전형필이 1930년 신윤복의 그림을 일본인 고미술상에게 비싼 값에 되샀습니다. 한국 화가에 관한 책을 쓴 오세창(1864~1953)이 『혜원전신첩』이라 이름 짓고, 작품마다 내용에 맞는 제목을 붙였습니다.

4 고미술 평론가 입장에서 신윤복과 김홍도의 작품을 비교·평가하세요.

◀왼쪽 작품은 신윤복의 '쌍검대무'(양반들이 칼춤을 즐기는 장면)이며, 오른쪽은 김홍도의 '무동'(춤을 추는 소년)이다.

	신윤복의 '쌍검대무'	김홍도의 '무동'
그린 대상		
그림의 분위기		
사용한 색깔		
춤추는 모습		

5 신윤복의 풍속화 가운데 하나를 골라 조선 시대의 생활 모습이 드러나게 이야기를 꾸며 친구들에게 들려주세요.

6 신윤복의 그림은 조선 후기 사회에서 충격이었습니다. 풍속화의 가치를 들어 당시 신윤복의 그림을 나쁘게 평가하는 사람들을 설득하세요(400자).

 머리에 쏘옥

제발과 낙관

그림 작품에 그 그림과 관련된 글을 써 넣는 것을 제발이라고 합니다.

낙관은 자신의 호나 이름, 그린 장소, 동기, 시기를 적고 인장을 찍는 일을 말합니다. 제발과 낙관은 그림의 완성도와 품격을 높입니다.

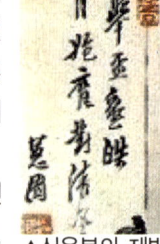

▲신윤복의 제발과 낙관.

'월하정인'의 달

'월하정인'은 신윤복이 35세 때 부분 월식을 보고 그린 것으로 추정됩니다. 눈썹 모양의 달은 흔히 볼 수 있는 게 아니어서 당시 역사 기록과 제발의 내용 등으로 추정할 수 있습니다. 제발에 "달빛은 어둑어둑 밤이 삼경인데…"라고 했는데, 삼경(밤 11시~새벽 1시)에 부분 월식이 있었을 때는 1793년 8월 21일이었습니다.

미술 평론가들은 그림이 반드시 과학적일 필요는 없지만, 신윤복은 다양한 해석이 가능한 그림을 그렸다고 평가했습니다.

신재효와 판소리

'2010세계국립극장페스티벌'이 '400년에 걸친 거장들의 작품과 만나다'를 주제로 서울 장충동 국립극장에서 2010년 8월 31일부터 10월 30일까지 열렸습니다. 올해 5회째를 맞은 이번 축제에는 프랑스 등 8개국 초청작 8편과 국내 대표작 22편 등 30여 편의 작품이 무대에 올랐습니다.

축제의 개막 작품은 판소리 오페라 '수궁가' 입니다. 판소리는 줄거리가 있는 긴 이야기에 곡을 붙여 한 사람은 소리를 하고, 한 사람은 북으로 박자를 맞추는 우리 전통 음악입니다.

▲2010년 7월 28일 열린 국립창극단의 '수궁가' 제작 발표회 장면

신재효(1812~84)는 조선 후기 판소리 발전에 일생을 바친 예술가입니다. 입에서 입으로 전해지던 판소리를 정리해 이론적 체계를 세우고, 판소리 여섯 마당도 정리했습니다. 신재효의 업적과 판소리 발전에 미친 영향을 알아봅니다.

◈ 함께 읽으면 좋은 책

『신재효』
성나미 지음, 파랑새 펴냄, 137쪽

'판소리의 아버지'로 불리는 신재효의 일대기가 소개되어 있습니다. 신재효가 예술가일 뿐만 아니라 넉넉한 인품을 가졌음을 보여주는 일화도 들어 있습니다. 신재효가 세우려고 한 판소리 세계와 판소리에 대한 그의 열정을 느낄 수 있습니다.

중인 신분의 설움 달래려 판소리에 빠져

'모두 다 똑같은 사람인데 귀하고 천한 사람으로 구분하다니…'

신재효는 어려서부터 남달리 총명했으며, 책을 읽고 공부하기를 좋아했다. 학문에 관해 이야기를 나누기 위해 수십 리 밖에 있는 학자를 찾아갈 정도로 학문에 대한 열정이 뜨거웠다.

그러나 신재효의 집안은 양반이 아니고 중인 계급이었다. 아무리 공부를 열심히 하고 실력이 있어도 신분 때문에 높은 관직에 나아갈 수 없는 사실이 답답했다.

조선 후기인 당시에는 판소리가 사람들에게 한창 환영받던 시대였다. 판소리의 인기가 높아 이름난 명창(판소리를 잘 부르는 사람)이 공연하기 위해 마을에 온다는 소문이 돌면 사람들이 구름처럼 몰려들곤 했다. 소리꾼들은 판소리를 통해 양반과 벼슬아치를 풍자해 그들에게 억눌려 살아온 백성의 마음을 시원하게 풀어주었다.

신재효도 판소리를 들으며 마음의 상처를 달랬다. 그러다 판소리에 점점 더 빠져들어

▲신재효의 모습

자신의 사랑방에서 판소리 공연을 열기도 했다. 그는 답답하고 속상한 마음을 담은 판소리를 스스로 지어 소리꾼들에게 그 노래를 부르게 했다.

> 💡 이런 뜻이에요
>
> **중인** 조선 시대 양반과 평민의 중간에 있던 신분 계급. 기술직 관리나 향리(지방에서 근무하는 직급이 낮은 관리) 등을 말한다.

가난한 소리꾼들 생활 돌보며 판소리 내용 가르쳐

소리꾼은 당시 백성들에게 인기는 있었지만, 대우가 좋지 못해 대다수가 가난하게 살았다. 따라서 부잣집의 잔치 등에서 노래를 부른 뒤 받은 돈으로 겨우 먹고 살아야 했다.

이를 본 신재효는 소리꾼을 도와야겠다고 마음 먹었다.

1850년 신재효는 새로 집을 지은 뒤 자신의 호를 따 '동리정사'라고 이름 붙였다. 그는 판소리를 배우려는 사람들이 마음 놓고 공부에만 전념할 수 있도록 먹이고 재우는 등 생활을 돌봐주었다. 판소리를 배우고 싶은 많은 사람들이 신재효를 찾았다. 동리정사에서는 판소리를 연습하는 소리가 끊이지 않았다.

신재효는 소리꾼을 가르치는 일에도 앞장섰다. 명창을 초빙해 소리를 가르치고, 자신은 내용을 설명했다. 과거 소리꾼들은 판소리의 내용도 모른 채 스승이 하는 소리를 외운 대로 따라 부르는 이들이 적지 않았다. 신재효는 판소리 내용을 놓고 제자들에게 글자와 뜻을 하나하나 가르쳤다. 그에게 배운 사람들은 이야기의 내용을 정확하게 알고 노래를 부르게 되었다. 이렇게 해 소리꾼들은 노래를 부를 때 가사를 틀리지 않고 정확하게 말할 수 있었을 뿐만 아니라, 가사에 감정을 실어 노래할 수 있었다.

▲신재효가 살던 집. 전북 고창군 고창읍 읍내리에 있다.

입으로 전해지던 판소리 체계화

신재효는 마흔여섯 살에 입에서 입으로 전해져 체계가 없던 판소리를 정리해 기록으로 남기려고 결심했다.

그는 판소리 관련 책을 구해 읽기도 하고, 소리꾼의 소리도 직접 들으며 정확한 내용을 찾기 위해 노력했다. 소리꾼마다 어떤 차이가 있는지 분석하고, 어떻게 불러야 가장 좋을지도 고민했다. 그는 결국 그동안 전해지던 판소리 가운데 여섯 마당을 선정해 합리적으로 체계를 세우고 다듬었다. 판소리 여섯 마당은 춘향가, 심청가, 흥부가(박타령), 수궁가(토끼타령), 적벽가, 가루지기타령 등이다. 현재 가루지기타령을 제외한 다섯 마당만 전한다. 또 소리꾼과 이야기에 나오는 인물이 맞아떨어지도록 스토리를 꾸미는 일도 했다.

1873년 신재효는 '광대가'(현재 전해지지 않음)을 지어 입으로만 전해지던 판소리의

▲소리꾼을 가르치는 신재효. 그가 살던 전북 고창의 옛집에 인형으로 당시 모습이 재현돼 있다.

이론적 기초를 처음 마련했다. 그는 광대가에서 소리꾼이 갖춰야 할 조건을 다음과 같이 네 가지로 들었다. "인물이 잘 생겨야하고, 목소리가 뛰어나야 한다. 이야기가 훌륭한 문학 작품이어야 하며, 이야기의 내용에 맞게 연기를 잘해야 한다."

 이런 뜻이에요

적벽가 중국의 『삼국지』 가운데 적벽대전에서 크게 진 조조가 관우에게 구차하게 목숨을 비는 장면을 노래하고 있다.
가루지기타령 우리 고전에 드문 성문학이다. 성적 표현이 지나친 것을 신재효가 서민적 냄새가 짙으면서도 차원 높은 문학적 표현으로 고쳤다.

생각이 쑤욱

1 신재효는 판소리 발전을 위해 어떤 일을 했나요?

▲서울 서초구 국립국악원 정원에 있는 신재효 흉상.

2 아래 글을 읽고 신재효가 판소리를 체계적으로 정리하려고 했던 이유를 추측하세요.

> 신재효가 판소리를 정리하기 전에는 입에서 입으로 전해졌다. 소리꾼이 판소리를 배우려면 선생님이 부른 것을 듣고 그대로 따라 부르는 식이었다.

 **머리에 쏘옥**

판소리의 구성요소

판소리의 구성요소는 네 가지입니다. 소리판을 이끌어 가는 소리꾼과 청중, 판소리에서 소리꾼이 노래로 부르는 부분을 가리키는 창, 소리꾼의 소리에 북으로 장단을 맞추는 고수입니다.

판소리 공연 중 소리꾼이 노래하는 것을 '소리', 소리꾼이 말로 설명하는 것을 '아니리'라고 합니다. 또 소리꾼이 몸짓으로 소리의 상황을 연출하는 것을 '발림', 고수가 말로 소리꾼의 흥을 북돋는 것을 '추임새'라고 합니다.

▲전북 고창군 고창읍 읍내리에 있는 판소리박물관.

3 다음 글로 미루어 볼 때 신재효는 당시 신분 계층을 어떻게 생각했나요?

> 신재효는 사람들이 천대하는 기술자들에게도 존대를 해 주변을 놀라게 했다. 어느 날 친구와 길을 가다 머리에 쓰는 관을 만드는 사람을 만났다. 신재효가 그 기술자에게 인사하고 대화하는 것을 지켜본 친구는 "자네보다 낮은 아랫것들에게 존대하다니 그게 어디 될 법이나 한 일인가?"라고 말했다. 신재효는 "세상 풍습이 참 이상하지 않은가. 머리에 쓰는 관은 귀하게 여기고 그것을 만드는 사람은 업신여기니 말일세."라고 답했다.

4 판소리는 '1인 오페라'라고도 불립니다. 판소리와 오페라의 공통점과 차이점을 찾으세요.

공통점	차이점

5 판소리는 유네스코가 지정한 세계무형유산이긴 하지만 해외에서 언제나 좋은 반응을 얻는 것은 아니라고 해요. 판소리를 세계에 알릴 수 있는 아이디어를 한 가지만 구체적으로 설명하세요.

6 판소리를 낯설게 생각하고 외면하는 사람들에게 판소리의 중요성을 알고 계승하자는 주장을 해보세요.

 머리에 쏙

판소리와 오페라

판소리와 오페라는 긴 이야기 줄거리를 극적인 노래로 표현하는 종합 예술입니다.

판소리는 혼자 노래도 하고 연기도 하지만, 오페라는 여러 배역이 각자의 역할에 따라 노래와 연기를 합니다.

판소리는 소리꾼과 고수가 나오고 자리 하나만 깔아 놓으면 언제 어디서나 부를 수 있어 공연 준비가 별로 필요하지 않습니다. 하지만 오페라는 무대를 갖춘 극장에서 공연해야 하며 연출자와 지휘자가 필요합니다.

유네스코 세계무형유산 '판소리'

판소리는 우리나라 정서를 나타내는 전통 예술입니다. 삶의 기쁨과 즐거움, 슬픔을 음악과 어울려 표현하며 청중도 참여한다는 점에서 가치가 큽니다.

1964년 판소리 다섯 마당이 모두 중요무형문화재로 지정되었고, 2003년에는 유네스코의 세계무형유산으로 등록되었습니다.

인물사 10

지석영과 종두법

지석영(1855~1935)은 우리나라의 어린이들을 전염병인 천연두의 공포에서 구해낸 의학자입니다. 그는 우리나라에서 처음 종두법을 실시했습니다. 종두법은 천연두를 예방하기 위해 사람의 몸에 백신을 접종하는 방법입니다.

▲'마마야 물렀거아, 지석영 대감 행차시다' 특별전 전시장 모습.

서울대병원 의학역사문화원은 2012년 3월 22일부터 종로구 연건동 대한의원 본관 2층 의학박물관에서 '마마야 물렀거라, 지석영 대감 행차시다' 특별전을 열고 있습니다. 특별전은 2012년 11월 말까지 계속되었습니다.

수많은 사람들을 천연두에서 벗어나게 하고, 근대 의학 발전에 기여했던 지석영의 삶과 그의 업적을 탐구합니다.

❖ 함께 읽으면 좋은 책

『조선의 과학자들』
고진숙 지음, 한겨레아이들 펴냄, 176쪽

무서운 전염병에서 어린이들을 구하기 위해 예방 의학의 뿌리를 내리게 한 지석영을 포함해 어려운 환경에도 도전을 멈추지 않았던 조선의 과학자 6명의 모습이 담겨 있습니다. 개인의 연구 업적보다 백성이 편안하도록 하기 위해 노력했던 조선의 과학자들을 통해 우리 과학의 역사를 들여다봅니다.

어릴 적부터 서양 의학에 관심

어릴 적부터 총명하고 독서를 즐겼던 지석영은 특히 중국에서 번역한 서양 의학책을 열심히 찾아 읽었다. 그 가운데 영국인 제너(1749~1823)가 발견한 종두법에 큰 관심을 가졌다. 종두법은 소에서 뽑아낸 면역 물질인 우두를 사람에게 접종해 천연두에 걸리지 않도록 예방하는 방법이었다.

우리나라는 당시 마마로 불리던 천연두에 걸려 많은 어린이들이 보기 흉한 곰보가 되거나 목숨을 잃었다. 1879년에도 천연두가 전국을 휩쓸며 수많은 어린이들의 생명을 앗아갔다. 지석영의 조카딸도 그 해 죽었다.

지석영은 우리 어린이들에게 서양의 종두법을 시행하지 못하는 것이 안타까웠다. 그래서 종두법을 배우기로 결심했다. 그는 부산에 있던 일본 해군 병원(제생의원)으로 가 두 달 동안 종두법을 배웠다.

'우리 가족에게 먼저 실험해봐야 남이 안심하고 받을 거야.'

지석영은 서울로 돌아오는 길에 충청도 충주의 처가에 들렀다. 그리고 접종을 꺼리

▲1880년 지금의 부산 광복동으로 옮긴 제생의원.

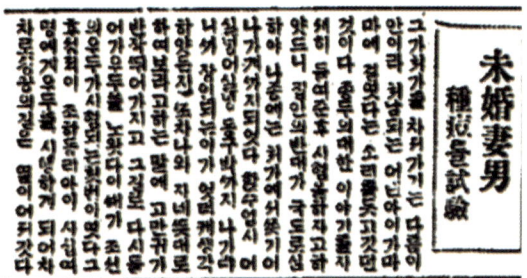
▲지석영이 처남에게 우두를 접종한 과정이 자세히 적힌 중외일보 1929년 10월 22일자 기사.

는 장인(아내의 아버지)을 설득해 나이 어린 처남(아내의 남자 형제)에게 예방 접종을 했다. 그 마을 어린이 40여 명도 접종했다. 우리나라에서 처음 종두법이 실시된 것이다. 다음 해 서울에서도 종두법을 실시했다.

> **이런 뜻이에요**
>
> **제너** 우두 접종법을 발견한 영국의 의학자.
> **면역** 어떤 병원체에 한 번 감염되어 병에 걸리면 나중에 같은 병원체에 감염되어도 그 병에 다시 걸리지 않도록 하는 방어 반응.

백성 건강 지키기 위해 종두법 실시

많은 사람들에게 우두를 접종하려면 원료가 되는 두묘가 많이 필요했다. 두묘는 천연두에 걸린 소에서 뽑아낸 면역 성질을 지닌 액체를 말한다. 접종법을 배우긴 했지만 두묘 제조법을 알지 못했던 지석영은 1880년 일본으로 건너갔다. 그는 두묘 제조법을 배운 뒤 서울로 돌아와 같은 해 종두장을 차렸다.

▲서울 종로구 연건동에 있는 지석영 동상.

지석영은 사람들에게 종두를 실시하면서도 사람들을 모아 우두 접종법과 두묘 제조법을 가르쳤다. 그러나 지석영을 못마땅하게 여기는 사람들이 일본에서 종두법을 들여왔다는 이유로 1882년 애써 만든 종두장을 불태웠다. 다음 해 종두장을 다시 세운 지석영은 종두도 중요하지만 관직에 나가 백성부터 깨우치게 해야 한다고 생각해 과거 시험을 준비했다. 과거에 합격한 뒤 충남 공주에도 우두국을 세워 종두를 실시했다. 그리고 그동안 쌓은 경험과 지식을 바탕으로 종두법 관련 책(『우두신설』)을 펴냈다.

1895년 우리나라는 "모든 아기는 생후 70일부터 1년 안에 반드시 종두를 행할 것."을 의

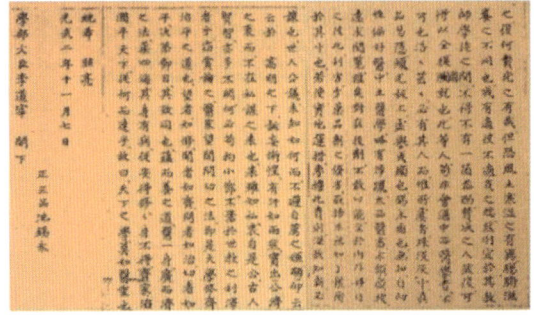
▲지석영의 의학교 설립 건의서. 지석영의 의학 교육에 관한 생각이 잘 나타나 있다.

무로 규정했는데, 지석영의 역할이 컸다. 그는 각종 전염병 예방법을 만들 것을 주장하기도 했다. 또 1899년 의사를 기르는 경성의학교가 세워지자 첫 교장이 되어 의학 교육에도 힘썼다.

 이런 뜻이에요

종두장 지석영이 우두 접종을 하며, 두묘를 제조하고 보관하기 위해 만든 곳.
우두국 종두가 나라의 인정을 받아 공식적으로 종두법을 시행하던 기관.

한글 연구와 보급에도 앞장서다

▲지석영   ▲'신정국문' 8개조

"도서관을 설치하고 국내외 도서를 모아 외국을 바로 안 뒤 손을 잡아야 합니다. 그러기 위해서는 세계 정세를 알 수 있는 책과 외국의 과학기술 관련 책을 모으고, 구할 수 있는 여러 가지 문물을 수집해 젊은이들에게 가르쳐야 합니다."

지석영은 옛것만 고집하지 말고 서양의 뛰어난 문물을 받아들여야 나라가 발전할 수 있다고 생각했다. 그런데 어려운 한자 때문에 발전이 늦어진다고 봤다. 그래서 알기 쉬운 한글을 쓰자고 주장했다.

그는 한글은 표시하지 못하는 음이 없고, 배우기 쉬운 문자인데도 학자들이 연구하지 않은 탓에 많은 오류가 있음을 안타까워했다. 1905년 한글 발전을 위한 개혁안인 '신정국문 8개조'를 나라에 올려 국문연구소를 세우게 했다. 또 한글 가로쓰기 운동을 펼치는 등 한글 보급에도 힘썼다.

우리말과 우리글 연구에 힘써 한자를 한글로 풀이한 사전(『자전석요』)도 펴냈다. 또 한글을 읽을 줄 알면 쉽게 이해할 수 있는 의학책(『신학신설』)을 지어 질병을 예방하게 했다.

경성의학교 신입생 모집 때 국문을 시험 과목으로 채택했고, 1909년 나라에서 의학 교육을 일본어로 한다는 결정을 내리자 즉시 반대 의견서를 내기도 했다.

생각이 쑤욱

1 지석영을 헐뜯는 사람들도 있었어요. 어떤 사람들이 지석영을 못마땅하게 여겼을까요?

▲조선 시대 천연두를 물리치기 위해 굿을 하는 장면.

2 아래 글은 1882년 나라에서 전라도 백성들에게 우두 접종을 장려하는 권유문입니다. 이 권유문을 통해 알 수 있는 사실을 아는 대로 들어보세요.

> 천연두는 발생할 때마다 어린이들이 위험에서 벗어나지 못한다. 의원의 치료도 여의치 않아 10명 중 8~9명이 죽고, 다행히 한두 명이 살아남는다 해도 10명 중 두세 명은 얼굴에 상처가 남는다. 이러한 사람이 1년에도 수백 명이나 되니 눈물 없이 볼 수 없다. 영국의 제너가 우두라는 새로운 방법을 생각해냈는데, 우두는 한 번의 접종만으로도 그 효과가 영구히 지속되므로 가장 좋은 방법이다. 우리나라에서는 지석영이 제생의원에서 종두법을 배워 여러 해 동안 서울에서 열심히 시술해 귀신 같은 효과를 거뒀다. 그래서 요즘에는 많은 사람이 자식과 가족에게 접종하고 있다.

 머리에 쏘옥

천연두

천연두는 천연두 바이러스에 감염돼 발생하는 전염병입니다. 두창 또는 마마라고도 불립니다.

천연두 바이러스는 공기 또는 환자의 침을 통해 전염됩니다. 바이러스에 감염되면 열이 나고 토하며 통증이 심합니다. 또 피부에 붉은 반점이 나타나며 호흡이 곤란해집니다. 과거에는 대유행을 되풀이해 많은 사람들이 죽었습니다.

영국의 제너가 1796년 종두법을 발견하기 전까지 이 병에 걸리면 사망 비율이 최고 90%에 이르렀고, 살아도 곰보가 되는 등 후유증을 남겼습니다. 1800년대 초까지 영국에서는 해마다 4만 5000명이 사망했습니다.

제너가 종두법을 발견한 이후 서서히 줄어 세계보건기구는 1980년 천연두가 지구상에서 완전히 없어졌다고 선언했습니다.

3 지석영은 종두법을 보급하는 등 우리나라 근대 의학 발전에 큰 역할을 했어요. 지석영을 '과학기술인 명예의 전당'에 후보자로 추천하는 글을 써보세요(200자).

☞ '과학기술인 명예의 전당'은 우리 과학기술 발전에 기여한 사람의 업적을 발굴해 보존하기 위해 마련되었습니다. 따라서 의학 발전에 기여한 지석영의 업적을 중심으로 써야 합니다.

생각이 쑥욱

4 지석영은 유능한 의사여서 마음 먹기에 따라서는 얼마든지 부자로 살 수 있었지만 그러질 않았어요. 다음은 지석영의 손자가 한 말인데, 이로 미루어 지석영이 어떤 사람인지 말해보세요.

> "할아버지는 평생 돈을 몰랐습니다. 생기는 돈이 있으면 몽땅 우두 시술소 등을 차려 사람들 진료에 쏟아 넣었지요. 유산 한 푼 안 남겼습니다."

머리에 쏘옥

국문연구소

1907년 한글을 연구하기 위해 만든 최초의 국가 기관입니다. 1905년 7월 지석영이 건의한 '신정국문'이 사람들의 공감을 불러일으켜 설치하게 되었습니다.

이 기관은 지석영과 주시경 등으로 구성돼 약 3년 동안 한국어 통일 등 한글 전반을 연구했습니다.

5 지석영은 종두를 가족에게 먼저 실험해 성공한 뒤에 다른 사람들에게 접종했어요. 당시 종두를 꺼리는 사람들이 안심하고 접종할 수 있도록 하려면 어떻게 해야 할지 아이디어를 세 가지만 내보세요.

▲지석영이 평생 한 일을 적은 비석.

6 지석영은 1880년대 서양의 종두법을 우리나라에 들여와 수많은 어린이들의 생명을 구했어요. 지석영이 처음 예방 접종에 성공한 날의 상황을 알리는 기사를 써보세요(400자).

☞사실을 알리는 기사는 6하원칙에 맞춰 씁니다. 지석영이 예방 접종을 한 과정과 결과, 종두 소개, 지석영의 심경 등을 요약합니다.

인물사 11

전봉준과 동학농민혁명

1894년 우리나라는 국가에서 세금을 지나치게 거둬들이고, 많은 관리들이 온갖 부정을 일삼으며 백성을 괴롭혔습니다. 또 일본은 우리나라를 빼앗기 위해 기회를 엿보고 있었습니다.

이때 전라도 고부에서 전봉준(1855~95)을 중심으로 동학교도와 농민이 힘을 합쳐 농민 혁명을 일으켰습니다. 이를 동학농민혁명이라고 합니다.

2012년 2월 15일 동학농민혁명 118주년을 기념하는 행사가 전북 정읍시 이평면 말목장터 등에서 열렸습니다. 농민 혁명을 일으켜 어지러운 세상을 바로잡으려 했던 전봉준의 정신과 동학농민혁명을 알아봅니다.

▲2012년 2월 15일 전북 정읍시 이평면 말목장터 등에서 열린 동학농민혁명 기념 행사.

◆ 함께 읽으면 좋은 책

『1894년 농민 전쟁과 전봉준』
이정범 지음, 주니어김영사 펴냄, 151쪽

동학농민혁명이 일어나기 전까지 전봉준의 삶과 정신, 새로운 세상을 바라던 당시 사람들의 생각이 담겨 있습니다. 또 전봉준이 동학농민혁명을 일으킨 배경과 결과를 확인할 수 있습니다. 동학혁명이 역사에 미친 영향도 알 수 있습니다.

백성 구하기 위해 동학에 가담

▲전봉준

▲조병갑이 백성을 동원해 만든 전북 정읍시 이평민 만석보 저수지 터. 나중에 저수지가 만들어진 이유가 적힌 비석을 세웠다.

조선 시대 말 우리나라는 나라 안팎으로 어지러웠다. 일본과 중국 등 주변 강대국들은 우리나라를 집어삼키려고 기회만 엿보고 있었다. 하지만 양반과 관리들은 자기네 배를 채우느라 농민을 괴롭혔다. 결국 농민들은 견디다 못해 곳곳에서 난을 일으켰다.

전봉준이 태어난 전라도 고부는 기름지고 넓은 평야 지대여서 곡식이 잘 자라고 벼가 넉넉하게 생산되었다. 하지만 고부군수 조병갑(1844~1911)은 온갖 구실을 만들어 세금을 거두는 등 백성을 괴롭혔다. 심지어 엉뚱한 죄를 씌워 감옥에 가둔 뒤 돈을 받고 풀어주기도 했다. 필요도 없는 저수지(만석보)를 억지로 만들게 한 다음 물값을 받아 챙기기도 했다.

전봉준은 어릴 때 키가 작고 단단하게 생겨 '녹두'라는 별명이 붙었다. 그래서 사람들은 훗날 그를 '녹두장군'이라 불렀다. 그는 가난한 집에서 나고 자라 어려운 사람의 사정을 잘 알았다. 전봉준은 30세 때 나라를 지키고 백성을 편안하게 만들겠다고 일어난 동학에 들어가 고부 접주가 되었다.

그러던 어느 날 그의 아버지가 백성의 억울함을 호소하는 일에 앞장섰다가 조병갑에게 매를 맞아 죽었다. 전봉준은 나라를 바꿔야 한다는 생각을 품고 뜻을 같이 하는 사람들을 모았다.

 이런 뜻이에요

접주 동학에서 접(교구)의 책임자.

백성 위해 관아 쳐들어가 동학농민혁명 일으켜

1894년 1월 10일 사람들이 말목장터로 모여들었다.

"나라의 주인은 백성입니다. 그러나 백성을 위해 일해야 할 벼슬아치들은 백성이야 죽든 말든 온갖 나쁜 방법으로 자기 배만 불리고 있습니다. 우리의 힘을 보여줍시다."

전봉준은 농민 1000여 명을 이끌고 고부 관아에 쳐들어가 빼앗긴 곡식을 되찾아 백성들에게 나눠줬다. 그리고 나쁜 짓을 일삼던 관리를 옥에 가뒀다. 그런데 사건을 조사하기 위해 나라에서 파견한 관리가 모든 잘못을 농민에게 돌린 뒤 잔인하게 처벌했다.

이에 분노한 전봉준은 동학 접주들에게 연락해 동학에 가담한 농민 1만여 명을 모은 뒤 난을 일으켰다. 동학 농민군은 전라북도 정읍 근처 황토현에서 대승을 거뒀다. 그 다음 고창과 무장 지역을 차지하고, 전주성까지 빼앗았다.

당황한 정부는 청나라에 도움을 요청했다. 청나라 군대가 들어오자 일본 군대도 따라 들어왔다.

전봉준은 다른 나라의 군대가 조선에 머무

▲동학농민혁명 기록화.

▲전북 정읍시 덕천면에 있는 황토현 전투지. 동학농민혁명 때 농민군이 관군과 싸워 농민군이 크게 이긴 곳이다.

르게 하면 안 된다고 생각했다. 그는 부패한 관리를 벌주고, 법에서 정한 세금만 거둘 것과 노비를 해방시켜달라는 조건을 정부에 제시했다. 그리고 정부가 이 제안을 받아들이자 동학 농민군을 해산했다.

 이런 뜻이에요

관아 벼슬아치들이 모여 나랏일을 처리하던 곳.

일본에 대항하기 위해 다시 농민군 일으켜

사건이 해결되자 정부는 일본과 청나라에 군대를 철수시켜달라고 요구했지만, 두 나라는 이를 거부했다. 그리고 두 나라는 우리나라를 서로 지배하려고 다투기 시작했다. 결국 1894년 6월 우리나라 땅에서 두 나라 사이에 전쟁이 일어났다. 같은 해 전쟁에서 우세해진 일본은 조선의 나랏일에 본격적으로 간섭하기 시작했다.

▲체포돼 서울로 압송되는 전봉준.

전봉준은 일본의 이러한 간섭을 가만히 앉아 지켜볼 수 없었다. 동학 농민군은 일본군을 몰아내기 위해 다시 한 번 일어났다. 하지만 우수한 무기로 무장하고 정식 군사 훈련을 받은 일본군과 싸우는 데에는 한계가 있었다. 결국 1894년 11월 충남 공주의 우금치에서 치열한 전투를 벌였지만 크게 패하고 뿔뿔이 흩어졌다.

▲충남 공주의 우금치 전적비.

일으키는 정신으로 이어졌다.

새 시대를 열려고 시작한 두 번의 동학농민혁명은 이렇게 실패하고 말았다. 하지만 백성이 중심이 되어 나라를 새롭게 바꾸고, 강대국들의 침략을 물리쳐 살기 좋은 세상을 만들려던 의지를 보여주기에 충분했다.

동학농민혁명은 정부와 관리들의 반성을 이끌어내 그 뒤 나라의 개혁을 실시하는 계기가 되었다. 일본이 우리나라를 빼앗았던 시기(1910~45)에는 의병 투쟁과 3·1운동을

생각이 쑤욱

1 조선 후기에는 백성들이 자주 난을 일으켰어요. 동학농민혁명이 다른 민란들과 다른 점은 무엇인가요?

2 전봉준은 청나라와 일본의 군대가 잇달아 들어오자 정부와 화해하고 동학 농민군을 해산합니다. 왜 그랬나요?

3 전봉준은 청나라와 일본의 군대가 들어오자 정부에 12개항의 개혁안을 요구하고 해산합니다. 다음은 그 중 일부입니다. 나머지 내용을 채워보세요.

동학 농민군의 개혁안

1. 부패한 관리들의 죄를 자세히 밝혀 벌하라.
2. 백성을 괴롭히고 나쁜 짓을 일삼던 부자와 양반을 벌하라.
3. 법에서 정한 이외의 세금은 걷지 마라.
4.
5.
6.

머리에 쏘옥

동학

동학이란 서학(천주교)에 대항해 우리나라의 도를 일으킨다는 뜻에서 붙여졌습니다.

1860년 최제우(1824~64)가 세상과 백성을 구하려고 만든 민족 종교입니다.

조선 후기에 부패한 관리와 외국의 침입에 맞서기 위해 '사람이 곧 하늘'이라는 인내천 사상을 교리로 삼았습니다.

인내천 사상은 모든 사람이 평등하다는 뜻이기도 합니다. 따라서 신분 차별이 엄격하던 그때에는 충격적인 주장이었습니다.

동학은 백성에게 크게 환영받았지만, 정부는 매우 위험하게 여겼습니다. 그래서 1894년 동학농민혁명 이후 심하게 탄압했고, 제3대 교주 손병희 때 천도교로 이름을 바꾸었습니다.

혁명

혁명은 사회나 정치의 변화뿐만 아니라 경제나 문화, 사상 등 여러 분야의 급격한 변화를 일컫는 말입니다.

4 전봉준과 그를 따른 농민들은 어떤 세상을 바라고 혁명을 일으켰을지 1분 동안 말해보세요.

▲전북 정읍시 덕천면에 있는 동학농민혁명기념관.

 **머리에 쏘옥**

조선 후기의 민란

조선 후기에는 농민이 일으킨 난이 많았습니다.

홍경래(1771~1812)는 양반과 관리들이 평안도와 함경도 지방 사람을 차별 대우하자 1811년 12월 난을 일으켰습니다.

철종 때는 충청·전라·경상도 등 삼남 지방을 중심으로 지나치게 많은 세금을 거둬들이자 농민들이 난을 잇달아 일으켰습니다.

1862년에는 새로 임명된 경상도의 육군 지휘 책임자가 지나치게 많은 세금을 강제로 거둬들이자 진주에서 백성들이 난을 일으켰습니다.

5 다음 글을 읽고 질 것을 예상하면서도 싸우는 것이 옳은지, 훗날을 위해 힘을 기르는 것이 옳은지 생각해보세요. 또 그렇게 생각하는 이유도 말하세요.

농민군은 대부분 창이나 칼, 활을 들고 있었고 죽창을 든 군사도 많았다. 동학 농민군은 북과 나팔을 울리며 죽음을 각오하고 일본군을 향해 달려들었다. 하지만 농민군은 최신 무기로 무장한 관군과 일본군의 막강한 화력 앞에 맥없이 무너졌다.

▲공주 우금치 전적지.

6 지난 2004년 3월 '동학농민혁명 참여자 등의 명예 회복에 관한 특별법'이 만들어졌지만 국가 기념일 지정은 계속 미뤄지고 있어요. 동학농민혁명일을 국가 기념일로 정하자는 건의문을 써 보세요(400자).

☞국가 기념일의 지정 필요성과 지정되면 좋은 점을 들어 씁니다.

인물사 12

김좌진 장군과 청산리대첩

우리나라는 1910년부터 1945년까지 일본에게 나라를 빼앗겼습니다. 그래서 우리나라 독립 운동가들은 나라를 되찾기 위해 목숨을 아끼지 않았습니다. 당시 독립을 위해 일본과 싸워 가장 크게 이긴 전투는 바로 김좌진(1889~1930) 장군이 이끈 청산리대첩(1920년 10월 21~26일)입니다. 김 장군의 나라 사랑 정신과 청산리대첩을 공부합니다.

▲김좌진 장군의 이야기를 다룬 음악극 '백야' 포스터(왼쪽)와 2010년 10월 청산리대첩 90주년 기념식에서 한복을 입은 어린이들이 태극기를 흔들며 독립군가를 부르는 모습.

◆ 함께 읽으면 좋은 책

『장군 김좌진』
김경선 지음, 관일미디어 펴냄, 150쪽

청산리대첩을 이끈 김좌인 장군의 일생을 그렸습니다. 김 장군은 편안히 살 수 있는 길을 버리고 나라를 사랑하는 모습을 보여줍니다. 지금의 우리나라가 있기까지 수많은 사람들의 희생이 있었음을 알게 됩니다.

자신은 돌보지 않고 옳다고 생각한 일을 해내

▲김좌진 장군이 나라를 위해 죽은 장소를 복원한 모습(왼쪽 사진. 중국 흑룡강성 소재)과 김 장군의 장례 모습.

"할 일이 너무도 많은 이때 내가 죽어야 하다니 그게 한스러워…."

김좌진 장군은 죽는 순간까지 나라를 걱정했다. 그는 청산리대첩을 승리로 이끌었고, 독립군을 길러내는 등 나라를 구하는 데 평생을 바쳤다.

김 장군은 어려서부터 힘이 셌으며 전쟁놀이를 즐겼다. 그리고 약한 사람을 보면 팔을 걷어붙이고 도왔다. 15살 때에는 집안의 노비를 풀어주며 자신의 땅까지 나눠주기도 했다. 신분 제도가 부당하다고 생각했기 때문이다.

그는 신분에 상관없이 온 백성이 힘을 모아야 나라가 위기를 벗어날 수 있다고 여겼다. 집안이 잘살아 노비를 부리며 편히 살 수 있었지만 옳다고 생각한 일에 뜻을 굽히지 않았다. 그래서 16세 되던 해 자신도 힘을 기르기 위해 서울의 무관학교에 들어갔다.

18세 되던 1907년에는 고향인 충남 홍성으로 돌아와 사립 학교를 세웠다. 서양의 우수한 학문과 기술을 사람들에게 알리기 위해서였다. 학교를 지을 돈이 없자, 80칸이 넘는 자신의 집을 학교로 내놓았다. 대신 자신은 초가집에서 살았다.

1911년에는 군인을 기르는 독립군 학교를 세우려고 돈을 모으다 일본 경찰에게 잡혀 감옥 생활을 하기도 했다.

청산리전투를 승리로 이끌어

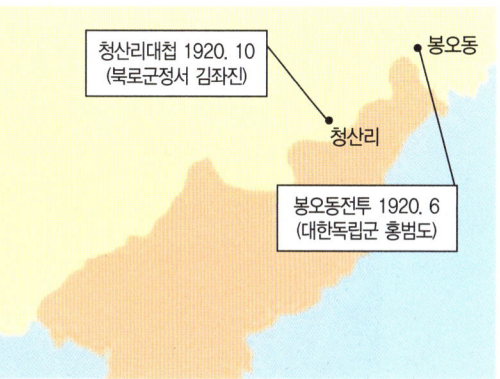

▲충남 천안의 독립기념관에 있는 청산리대첩 기록화(왼쪽 사진)와 청산리대첩 지도.

 김좌진 장군은 국내에서 독립 운동을 하기 어려워지자 중국의 만주로 갔다. 그는 '북로군정서'라는 독립군 부대의 총사령관이 됐다. 북로군정서는 중국 상하이에 있는 대한민국 임시 정부 소속 부대인데, 청산리전투를 승리로 이끌었다. 이 부대는 체계적으로 훈련을 받은 사관연성소 졸업생이 중간 지도자로 활약했으며, 만주 최고의 병력을 갖췄다. 사관연성소는 김 장군이 1920년 세운 사관학교로, 독립군이 되려는 청년들을 엄격하게 훈련시켰다.

 마침내 1920년 10월 21일부터 26일까지 중국 만주의 백두산 청산리 일대에서 독립군과 일본군 사이에 10여 차례의 전투가 벌어졌다. 일본군은 봉오동전투에서 독립군에게 크게 지자 이를 되갚기 위해 병력 5만 명을 동원해 대대적으로 공격했다. 김좌진이 이끄는 북로군정서 등 독립군 부대 2500여 명은 필사적으로 대항했다. 청산리는 주위의 산세가 험했지만 독립군에게는 익숙한 곳이었다. 따라서 독립군은 지형을 잘 활용해 일본군이 계곡 안으로 깊숙이 들어올 때까지 기다렸다가 일시에 공격을 퍼부었다. 일본군은 기관총과 대포 등 온갖 최신 무기로 저항했지만 도리가 없었다. 독립군은 병력도 훨씬 적은 데다 무기도 보잘것없었지만 목숨을 걸고 싸워 크게 이겼다.

> **이런 뜻이에요**
>
> **봉오동전투** 1920년 6월 중국 만주의 봉오동에서 독립군이 일본군을 크게 이긴 싸움. 대한독립군 총사령관 홍범도(1868~1943) 장군이 전투를 이끌었다.

청산리대첩은 독립 전쟁에 자신감 줘

▲김좌진(맨 앞 다리를 꼰 채 앉은 사람) 장군과 독립군들이 청산리전투에서 승리한 뒤의 모습.

청산리전투는 우리나라 독립 전쟁 역사상 가장 크게 승리한 전투여서 우리 민족에게 힘으로 나라를 되찾을 수 있다는 자신감을 심어줬다.

독립군은 이전까지는 소수 인원으로 일본에 타격을 주는 방법을 썼지만, 일본은 이를 대수롭지 않게 여겼다. 그런데 청산리전투에서 막대한 피해를 당하자 약이 올라 독립 운동의 근거지를 없애려고 안간힘을 썼다.

독립군에게는 일본의 등쌀을 못 이겨 만주로 건너와 농사를 짓던 조선인들이 큰 힘이 되었다. 그들은 청산리전투 때 독립군들이 끼니를 거르자 주먹밥을 제공했다. 또 독립군을 숨겨주고 일본군의 정보를 알려줬다.

일본군은 이에 보복하기 위해 독립군의 근거지라며 조선인 마을을 마구 불태우고 동포들을 닥치는 대로 죽였다.

김좌진 장군 등 독립군은 동포의 피해를 줄이기 위해 러시아로 이동해 독립 운동을 계속했다. 그 뒤 다시 만주로 돌아온 김 장군은 흩어진 독립군을 다시 모으고 독립군 양성에도 힘을 기울였다. 만주의 조선인들이 무장 독립 투쟁을 적극 도울 수 있는 환경을 만드는 데에도 신경을 썼다.

그는 죽기 전까지 국내에서 일본군을 몰아내기 위해 몸을 아끼지 않았다.

생각이 쑤욱

1 김좌진 장군을 세 문장으로 소개하세요.

▲김좌진 장군

2 청산리대첩은 어떤 전투였나요?

언제 :

어디서 :

누구와 :

왜 :

어떤 방법으로 :

결과 :

▲중국 지린성에 있는 청산리대첩 기념비.

3 우리 민족은 일본에 빼앗긴 나라를 되찾기 위해 무장 투쟁과 비무장 투쟁 등 다양한 방법으로 노력했어요. 나라면 어떻게 했을지 말해보세요

머리에 쏘옥

독립군

독립군은 일본에게 빼앗긴 나라를 되찾기 위해 직접 무기를 들고 일본군과 싸운 사람들입니다. 하나로 통일된 군대가 아니라 각각 작은 규모의 부대를 따로 이뤘지요. 북로군정서와 대한독립군 등 이름도 달랐어요.

▲대한독립군 총사령관 홍범도 장군.

일본에 대항한 방법

우리 민족이 일본에 맞서던 방법은 무장 투쟁과 비무장 투쟁으로 나뉩니다.

무장 투쟁은 독립군처럼 단체를 이뤄 싸우는 방법을 말해요. 개인이 일본의 주요 인물을 암살하거나 주요 기관을 파괴하기도 했지요.

비무장 투쟁은 무력을 사용하지 않는 방법이에요. 3·1운동은 온 국민이 만세를 부르며 일본에 저항한 독립 운동입니다. 국민을 교육시키고 산업을 일으켜 나라를 부강하게 하려고도 했지요. 외국에 우리나라의 상황을 알리는 노력도 했답니다.

77

생각이 쑤욱

4 중국에서 복원된 김좌진 장군의 옛집과 순국 장소를 소개하려고 해요. 신문 기사 제목을 작성하세요.

☞ 김좌진 장군에게 본받을 점을 넣어 만들어요.

제목 :

5 김좌진 장군과 청산리전투를 널리 알리려고 해요. 초등학생에게 좋은 체험 프로그램을 제안하세요.

1. 청산리전투 때 먹던 주먹밥 만들기 행사.

2.

3.

4.

5.

▲ 김좌진 장군의 후손 배우 송일국(위 사진)과 '청산리 역사 대장정' 참가자.

 **머리에 쏘옥**

중국의 김좌진 장군 유적지

김좌진 장군이 독립 운동을 했고, 나라를 위해 죽은 곳은 지금의 중국 흑룡강성 해림시입니다.

이곳에는 한중우의공원과 김좌진 장군의 옛집이 있으며, 지금도 20여 만 명의 독립운동가 후손이 삽니다.

한중우의공원은 김좌진 장군과 우리 민족이 만주에서 일본에 대항해 어떻게 독립 운동을 했는지 알 수 있는 곳입니다.

김좌진 장군이 살던 옛집도 복원되었습니다. 마당에는 장군의 흉상이 있어요. 독립 운동 자금을 마련하기 위해 운영했던 정미소와 숙소도 볼 수 있답니다.

▲ 중국 흑룡강성 해림시에 있는 김좌진 장군의 옛집과 흉상.

6 독립 운동에 힘쓴 분들의 후손 가운데 어렵게 사는 사람들이 많다고 해요. 나라를 위해 애쓴 사람들에게 어떤 태도를 가져야 할지 의견을 내보세요(400자).

☞ 나라를 위해 일하는 사람이 많아질 수 있는 사회 분위기를 만들 방법을 떠올리면 돼요.

한눈에 보는 한국사 연표 (선사 시대~대한민국)

우리나라	연대	사건	중국	서양사
선사 시대 ~ 고조선	8000년경	신석기 형성(간석기)	황하 문명	
	기원전 2333	고조선 건국(단군왕검)		
	1122년경	고조선 8조금법 제정	은	
	1000년경	청동기 시작(반달돌칼, 민무늬토기, 고인돌)	주	
	800년경	고조선, 왕검성에 수도 정함	춘추	
	450년경	부여 성립(소와강 상류)	전국	
	400년경	철기 보급		
	194	위만, 고조선의 왕이 됨(위만조선)	진	
	108	고조선 멸망		
	59	해모수, 북부여 건국		
	57	박혁거세, 신라 건국	한	고대 사회
	37	주몽, 고구려 건국		
	18	온조, 백제 건국		
삼국 시대	(기원전)			
	(서기)			
	42	가야 건국		
	194	고구려, 진대법 실시(을파소)	삼국 시대	
	260	백제, 율령 반포 (고이왕)	진	
	313	고구려, 낙랑군 멸망		
	372	백제, 왜에 칠지도 하사/고구려, 불교 전래		
	381	백제, 불교 전래	5호 16국	
	391	고구려, 광개토왕 즉위		
	414	고구려, 광개토왕비 세움		
	427	고구려, 평양 천도, 안학궁 건립		
	433	나제동맹 성립		
	449	고구려, 중원 고구려비 세움		
	458	신라, 불교 전래		
	475	백제, 웅진 천도		
	503	신라, 국호를 신라, 왕호를 왕이라 칭함	남북조 시대	
	512	신라, 이사부 우산국 정벌		
	520	신라, 율령 반포 (법흥왕)		중세 사회
	528	신라, 이차돈 순교로 불교 공인		
	538	백제, 사비 천도, 국호를 남부여라고 함		
	551	백제와 신라, 연합해 고구려 공격		
	554	백제 성왕, 신라와의 관산성 싸움에서 전사		
	555	신라, 북한산에 진흥왕 순수비 건립		
	610	고구려 담징, 일본 호류사에 금당벽화 그림	수	
	612	고구려 을지문덕, 살수대첩		
	645	고구려, 안시성 싸움 승리	당	
	660	신라와 백제 황산벌 전투, 백제 멸망		
	660 백제 멸망			
	668	고구려 멸망		
	668 고구려 멸망			

우리나라	연대	사건	중국	서양사
통일신라, 발해	676	신라, 삼국 통일	당	중세 사회
	685	전국을 9주 5소경으로 편성		
	692	설총, 이두 정리		
	698	대조영, 발해 건국		
	702	무구정광대다라니경 인쇄		
	727	혜초, 『왕오천축국전』 저술		
	751	김대성, 불국사와 석굴암 창건		
	756	발해, 상경용천부 천도		
	771	성덕대왕신종 주조		
	828	장보고, 완도에 청해진 설치		
	894	최치원, '시무 10조' 올림		
	900	견훤, 후백제 건국		
	901	궁예, 후고구려 건국		
고려 시대	918	왕건, 고려 건국	5대 10국	
	926	발해, 거란에 멸망		
	935	신라 멸망		
	936	고려, 후삼국 통일		
	958	과거 제도 제정	북송	
	993	거란 1차 침입(~1018년까지 3차 침입)		
	996	건원중보 주조		
	1019	강감찬, 귀주대첩		
	1033	천리장성 축조		
	1102	해동통보 주조		
	1107	윤관, 여진 정벌(9성 건설)		
	1126	이자겸의 난		
	1135	묘청의 난(서경 천도 운동)	남송	
	1145	김부식, 『삼국사기』 50권 편찬		
	1170	무신정변		
	1176	망이와 망소이의 난		
	1196	최충헌, 정권 장악		
	1231	1차 몽골 침입(~1257년까지 7차례 침입)		
	1234	상정고금예문(세계 최초 금속 활자) 간행		
	1251	팔만대장경 완성	원	
	1270	강화에서 개경 환도, 삼별초의 항쟁		
	1285	일연, 『삼국유사』 완성		
	1363	문익점, 원에서 목화씨 가지고 옴		
	1377	『직지심경』 간행, 최무선, 화통도감 설치	명	
	1388	이성계 위화도 회군		

조선 시대

우리나라	연대	사건	중국	서양사
고려 멸망, 태조 이성계 조선 건국	1392	고려 멸망, 이성계, 조선 건국	명	중세 사회
	1394	한양 천도, 정도전, 『경국대전』 편찬		
	1400	2차 왕자의 난, 태종 즉위		
	1402	호패법 실시		
	1413	조선 8도 완성		
	1418	세종 즉위, 집현전 설치		
	1432	『삼강행실도』 편찬		
	1441	장영실, 세계 최초로 측우기 설치		
	1443	훈민정음 창제		
	1446	훈민정음 반포		
	1456	사육신 처형(단종 복귀 사건)		
	1474	성종, 『경국대전』 반포		
	1506	중종반정		
	1543	백운동서원(최초 서원) 건립		
	1568	이황, 『성학십도』 지음		
	1583	이이, 10만 양병설 건의		
	1592	임진왜란 발발, 한산도대첩		
	1593	행주대첩		
	1597	정유재란		
	1598	이순신, 노량해전 전사		
	1609	일본과 국교 재개(기유약조)		근대 사회
	1610	광해군, 허준, 『동의보감』, 조선 편찬		
	1623	인조반정		
	1627	정묘호란, 박연 일행 제주도 표착		
	1636	병자호란	청	
	1678	상평통보 주조		
	1708	대동법 전국 시행		
	1712	백두산 정계비 세움		
	1725	영조, 탕평책 실시		
	1750	균역법 실시		
	1780	박지원, 『열하일기』 지음		
	1788	천주교 금지		
	1792	정약용, 거중기 발명		
	1796	화성 완성		
	1811	홍경래의 난		
	1818	정약용, 『목민심서』 완성		
	1860	최제우, 동학 창시		
	1861	김정호, 대동여지도 간행		

우리나라	연대	사건	중국	서양사
1863 고종 즉위 흥선대원군 집권	1863	고종 즉위, 흥선대원군 집권	청	근대 사회
개항기	1865	경복궁 중건(~1872년)		
	1866	제너럴셔먼호 사건 발발, 병인양요		
	1871	신미양요, 서원 철폐		
	1876	강화도조약 체결		
	1883	태극기를 국기로 제정, 한성순보 창간		
	1884	갑신정변, 우정국 설치		
	1894	갑오개혁 추진, 동학농민운동		
	1895	을미사변		
	1897	아관파천, 독립협회 결성, 독립신문 창간		
	1899	경인선 철도 개통		
	1905	을사조약, 동학을 천도교로 개칭		
	1907	국채 보상 운동, 헤이그 밀사 사건, 고종 퇴위		
	1909	안중근, 이토 히로부미 사살		
1910 조선총독부 설치	1910	국권 피탈(일제강점기 시작)		
일제 강점기	1914	대한광복군정부 수립		
	1919	3·1독립운동, 대한민국 임시정부 수립	중화 민국	
	1920	봉오동과 청산리 전투 승리		
	1926	6·10 만세운동 발발		
	1932	이봉창·윤봉길 의거		
	1936	손기정, 베를린올림픽 마라톤 우승		현대 사회
	1940	한국광복군 창설, 창씨개명 실시		
1945 8·15 광복	1945	8·15 광복, 모스크바 3상 회의		
대한민국	1948	대한민국 정부 수립		
1948 대한민국 정부 수립	1950	한국전쟁 발발	중화인민 공화국	
	1953	휴전협정 조인		
	1960	4·19 혁명		
	1961	5·16 군사정변		
	1962	1차 경제 개발 5개년 계획 수립		
	1970	경부고속도로 개통		
	1972	7·4 남북 공동성명 발표, 남북 적십자회담		
	1979	10·26사태		
	1980	광주민주항쟁(5·18 민주화운동)		
	1988	24회 서울올림픽 개최		
	1990	소련과 국교 수립		
	1994	북한 김일성 사망		
	2000	남북 정상회담 6·15 공동선언 발표		
	2002	한·일 월드컵 개최		

역사토론 인물사 답안과 풀이

광개토대왕과 영토 확장

♣ 11쪽

1. 독해력과 정보 압축 능력이 필요하다.
    - 예시 답안

    태자가 됨/영락/관미성/한성을 공격해 백제의 항복을 받음
2. 공부한 내용을 바탕으로 추론하는 문제다.
    - 예시 답안

    고구려에 조공을 바치고 속국이 된다고 약속하면 도와주겠소.
3. 백성의 입장에서 인물의 업적을 평가한다.
    - 예시 답안

    광개토대왕은 영토를 넓히고, 백성이 풍족하고 편안하게 살 수 있게 정치도 잘했다.

♣ 12쪽

4. 사고의 유연성과 추론하는 능력을 기른다.
    - 예시 답안

    광개토대왕은 강력한 수군의 힘으로 한반도를 지켰다. 그래서 그 정신을 이어받기 위해 배의 이름을 광개토대왕함이라고 지었을 것이다.
5. 이름에 담긴 상징성을 파악하고 비교·분석한다.
    - 예시 답안

    광개토대왕은 '영락'이라는 연호를 사용했기 때문에 '영락대왕'으로 불렸으며, 강력한 나라를 만들겠다는 의지가 담겨 있다/'광개토대왕'은 넓은 영토를 개척한 업적을 높이 평가한 이름이다/고구려의 옛 영토 가운데 만주는 지금 중국 땅이다. 그래서 중국은 땅을 넓힌 왕의 업적을 강조하지 않기 위해 위대한 왕이라는 '호태왕'으로 부른다 등.
6. 문제 해결 능력과 논리력 등 종합적인 능력이 필요하다.
    - 예시 답안

    고구려의 수도였던 국내성은 지금의 중국에 있어서 우리 뜻대로 고구려의 유적을 발굴하고 보존하기 어렵다. 2004년 중국은 고구려의 유적을 중국의 이름으로 유네스코 세계문화유산에 올렸다.

    따라서 우리는 중국의 이러한 행동에 맞서 고구려가 우리 역사임을 적극적으로 알려야 한다.

    '광개토대왕'처럼 고구려의 인물과 문화를 소재로 한 영화나 드라마, 노래 등을 많이 만들어야 한다. 배용준과 같은 한류 스타가 출연한 드라마는 해외에서 큰 인기를 얻었으므로 고구려에 관심을 가질 것이다. 또 드라마 세트장으로 활용했던 곳은 외국 관광객이 끊임없이 방문한다.

    외국인이 많이 방문하는 곳에는 고구려 유적 모형을 설치하고, 고구려 관련 기념품도 만들어 팔면 좋겠다. 학생이 쉽게 실천할 수 있는 방법은 인터넷이나 펜팔로 세계 친구들에게 고구려가 우리 역사임을 자연스럽게 소개하는 것이다. 사이버 외교 사절단 반크의 회원이 되어 활동하는 것도 좋다.

진흥왕과 신라의 전성기

♣ 17쪽

1. 독해력을 바탕으로 내용을 파악한다.
    - 예시 답안

    이사부를 병부령에 임명해 군대를 장악했다/화랑제도를 만들어 신라에 필요한 인재를 길렀다/불교를 크게 일으켜 백성이 왕을 따르게 했다 등.
2. 학습한 내용을 바탕으로 한 추론 능력이 필요하다.
    - 예시 답안

    다른 나라의 침략을 받지 않으며 백성이 편하고 풍요롭게 살 수 있는 나라 등.
3. 학습한 내용을 정리하는 문제다. 독해력이 필요하다.
    - 예시 답안

    한강 지역에는 넓은 평야가 펼쳐져 있어서 농사짓기에 좋다/서해를 이용해 중국과 교류하기에 유리하다.

♣ 18쪽

4. 역사 배경 지식과 창의적 표현력이 필요하다.
    - 예시 답안

> **신라를 이끌 인재,**
> **화랑과 낭도를 모집합니다**
> 화랑도는 국가의 지원을 받으며 학문과 무예를 익히고, 산천을 여행하며 수련을 합니다. 수련 기간이 끝나면 관리나 장군, 병사가 되어 국가를 위해 일하게 됩니다.
> -화랑 : 00명(귀족 출신으로 용모가 아름다운 청소년)
> -낭도 : 00명(평민 이상의 신분으로 신체 건강한 청소년)
> ☞춤과 노래에 능한 청소년은 우대합니다.
> -모집 일시 : 00년 0월 0일

5. 분석력과 논리력이 필요한 문제다.
    - 예시 답안

    신라가 이 지역을 정복한 뒤 저희를 노예로 끌어가거나 차별을 받을 것이라며 걱정했습니다. 그런데 왕께서 정복한 지역에 사는 사람도 신라의 백성이라며 차별 없이 대우해 주셨습니다. 이러한 왕의 백성이라는 사실이 자랑스럽습니다.
6. 종합적인 사고력과 논리력이 필요한 문제다.
    - 예시 답안

    나는 신라를 백성이 편안히 사는 나라, 다른 나라의 침략을 당하지 않는 강한 나라로 만들려고 했다. 그래서 군사력을 강화하고 불교를 국교로 인정해 왕권을 강화했으며, 화랑제도를 만들어 인재를 길렀다.

    이를 바탕으로 551년 백제와 함께 고구려를 공격해 한강 지역을 빼앗아 나눠 가졌다. 그런데 백제가 가진 한강 지역은 서해와 이어져 중국과 교류하기 유리하고, 또 비옥한 평야가 많은 곳이었다. 신라가 더 강해지려면 그

지역이 꼭 필요했다. 그래서 553년 백제를 공격해 한강 지역을 모조리 빼앗았다. 100년간 유지한 동맹보다 국가의 이익이 더 중요했기 때문이다.

나는 새롭게 얻은 한강 지역을 돌아본 뒤, 이곳이 신라의 영토임을 이 비석돌에 새겨 온 세상이 알리고 영원히 보전하려 한다.

우륵과 가야금
♣ 23쪽

1. 요점을 파악하는 독해력이 필요한 문제다.

▷ 예시 답안

가야금 연주곡을 만들고 신라에 가야금과 가야금 곡을 전했다. 또 가야금이 신라 궁중 음악의 중심이 되도록 했다 등.

2. 학습한 배경지식을 바탕으로 비교·분석하는 능력을 요구한다.

▷ 예시 답안

	가야금	거문고
공통점	삼국 시대에 만들어진 현악기다/중국의 악기를 보고 고쳐 만들었다/현재까지 사용되는 전통 악기다 등.	
차이점	우륵이 발전시켰고 신라에 널리 퍼뜨렸다. 손으로 연주하며 12줄로 되어 있다. 맑고 부드러운 소리가 난다	왕산악이 만들었으며, 고구려에 널리 퍼졌다. 손과 술대로 연주하며 6줄로 되어 있다. 굵고 낮은 소리가 난다.

3. 배경지식을 바탕으로 행동의 동기를 추론하는 문제다.

▷ 예시 답안

음악에 대한 열정이 가득했으므로 가야가 망해도 가야금과 가야금 곡을 지키고 싶었을 것이다/망명한 가야인을 환대하는 신라로 가면 계속 가야금 음악을 발전시킬 수 있을 것으로 생각했을 것이다/고구려나 백제와 달리 음악이 발달하지 않은 신라로 가면 가야금이 환영을 받을 것으로 믿었을 것이다 등.

♣ 24쪽

4. 우륵의 음악에 대한 생각을 추론하는 문제다.

▷ 예시 답안

우륵은 음악이 나라나 시대에 따라 변해야 한다고 생각했다. 그래서 가야금과 가야금 곡을 신라에 널리 퍼뜨리려면 신라에 맞게 고칠 필요가 있다고 봤을 것이다.

5. 배경지식을 바탕으로 비판, 평가하는 능력을 기른다.

▷ 예시 답안

전통 악기다=가야금은 중국의 전통 악기인 쟁을 모방했지만, 1500년 동안 우리나라의 정서에 맞게 발전했기 때문에 우리 악기다.

전통 악기가 아니다=가야금은 중국의 전통 악기인 쟁을 보고 만들었고, 소리를 내는 방법이 비슷하므로 우리 악기라고 볼 수 없다.

6. 종합적인 능력을 기른다.

▷ 예시 답안

가야금의 맑고 아름다운 소리를 들어본 사람은 그 매력에 빠져들 것입니다. 외국인들에게 가야금을 알리려면 자연스럽게 가야금과 가야금 음악을 접할 기회를 많이 만드는 것이 중요하다. 국립국악원에서 '2011 국제국악연수'를 한 것처럼 우리나라에 오는 외국인들에게 가야금을 직접 체험할 수 있는 기회를 만들어야 한다. 또 국제 회의 때 배경 음악으로 가야금 연주음을 사용하는 것도 좋을 것이다. 케이팝 열풍이 불고 있다. 드라마나 영화에 가야금을 소재로 한 이야기를 담거나, 가야금을 취미로 연주하는 장면을 넣는 방법도 있다. 이렇게 하면 음악, 드라마, 영화와 함께 가야금 선율이 세계인들에게 자연스럽게 다가갈 수 있다. 또 숙명가야금연주단처럼 비보이 공연과 협연하거나, 드럼, 피아노 등 서양 악기와 협연하면 외국인에게 신선한 충격을 줄 수도 있을 것이다. 벨기에 왕립악기박물관에 한국 전통 악기 전시장을 만들어 우리 악기를 알리는 것처럼, 권위 있는 세계의 박물관과 협력해 가야금 관련 전시를 정기적으로 갖는 것도 효과적일 것이다.

김대성과 불국사
♣ 29쪽

1. 독해력이 필요한 문제다.

▷ 예시 답안

안으로는 가뭄과 지진 등 계속되는 자연재해에 시달렸고, 밖으로는 당나라가 힘을 잃어가는 가운데 일본이 수시로 신라를 공격했다.

2. 학습한 배경지식을 바탕으로 추론하는 능력을 기른다.

▷ 예시 답안

틈만 보이면 수시로 신라 땅을 공격하는 일본군을 부처의 힘으로 물리치기 위한 목적으로 동해를 바라보는 방향에 지었다.

3. 사고의 유연성과 구체성을 기르기 위한 문제다.

▷ 예시 답안

우리 가족 건강하고 행복하게 해주세요/우리나라가 통일되게 해주세요 등.

♣ 30쪽

4. 정보를 압축적으로 표현하는 능력이 필요하다.

▷ 예시 답안

· 추천하고 싶은 이미지-석굴암 본존불

· 추천 이유-석굴암에 있는 석불 가운데 으뜸가는 예술품이며, 신라 석불을 통틀어 최고의 걸작으로 꼽히기 때문이다. 본존불은 5미터에 이르는데, 신체의 비례가 알맞아 아름답게 균형을 유지하고 있다. 또 각 부분이 세련된 솜씨로 조각돼 마치 살아 숨 쉬는 듯한 부처의 모습을 하고 있다.

5. 창의력 가운데 융통성과 구체성을 기르기 위한 문제다.

▷ 예시 답안

통일을 바라는 소원을 담은 '통일 기원 소원탑'을 세웠을 것이다. 남북으로 갈라진 나라의 아픈 현실과 이산가족의 고통을 생각하며 하루라도 빨리 통일이 되기를 바라는 마음을 표현하기 위해서다.

6. 종합적인 사고력과 판단력, 자신의 의견을 논리적으로 전개하는 능력이 요구된다.

▷ 예시 답안

석굴암의 가치를 많은 사람들이 함께 체험할 수 있게 석굴암 모형관 건립을 추진해야 한다. 모형관을 건립하면 관람객의 불편과 아쉬움을 없애 관람권을 보장할 수 있다. 역사적·교육적 차원에서도 반드시 필요하다. 또 관람객이 너무 많아 원래 모습이 훼손될 위기에 처한 석굴암 보존을 위해서도 최선의 선택이다. 석굴암은 그동안 훼손 방지를 위해 유리를 통한

외부 관람만 허용돼 관람객이 불편을 겪었다. 유리벽 너머로 석굴암 내부를 보면 본존불이 잘 보이지 않는다. 그래서 일반 관람객은 석굴암의 뛰어난 예술성과 내부 분위기를 느끼기 어려웠다. 모형관을 건립해 석굴암을 본다면 느낌이 두 배가 될 것이다. 주변의 환경 훼손이 우려된다면 훼손을 최소화할 수 방안을 마련하면 된다. 건립 위치도 유적과 거리를 두는 방안을 찾으면 된다.

대조영과 발해 건국
♣35쪽

1. 독해력이 필요한 문제다.
   예시 답안
   -영주에서 고구려 유민과 말갈족을 이끌고 요동으로 탈출했다. 천문령에서 추격하던 당나라군을 격파했다.
   -동모산에 도읍을 정하고 발해를 세웠다.

2. 독해력이 요구된다.
   예시 답안
   고구려 출신이 중심이 되어 다스렸다/발해의 왕은 외교 문서에 스스로를 고구려의 왕이라 했다/고구려 문화를 이어받았다.

3. 기획 능력과 독창성을 기르기 위한 문제다.
   예시 답안
   -만들 기념품=발해 문화재 초콜릿
   -기대되는 효과=문화재 초콜릿을 먹으며 발해 문화재를 감상하고 친근감도 느낄 것이다.

♣36쪽

4. 문제해결력을 기른다.
   예시 답안
   발해의 역사는 여러분의 나라 역사이기도 합니다. 한국의 우수한 연구원과 유물 발굴 기술을 빌려드립니다. 발굴된 유물과 유적을 이용해 관광 수입을 얻을 수도 있습니다.

5. 주어진 자료를 비교·분석해 논리적으로 반박하는 문제다.
   예시 답안
   발해는 한국의 역사다. 발해인은 스스로 고구려를 이어받았음을 분명히 밝혔다. 백성 가운데 말갈도 많지만, 이들 대다수는 고구려 때부터 우리나라의 지배를 받았다. 또 문화적으로 고구려와 비슷한 점이 많다.

6. 종합적인 능력이 필요하다.
   예시 답안
   -왜 필요한가=발해는 고구려를 잇는 나라로, 지금의 중국 만주와 러시아 연해주 등에 걸친 대제국이었습니다. 중국과 러시아는 발해가 자신들의 역사라고 주장합니다. 따라서 발해역사관을 만들어 우리나라 사람들이 발해를 알고 자부심을 느낄 수 있게 해야 합니다.
   -어떤 유물과 프로그램이 있으면 좋을까=발해가 고구려를 이어받았다는 사실을 한눈에 알 수 있도록 하는 유물을 전시합니다. 치미(새의 꼬리 내지는 물고기 형상을 한 장식), 기와, 석등 등 고구려 유물과 비교할 수 있는 코너를 만듭니다. 온돌 터나 정효 공주 묘처럼 이동할 수 없는 유적은 모형을 설치해 직접 만지고, 체험할 수 있게 합니다. 이 밖에 초등학생이 발해를 쉽게 이해할 수 있는 프로그램을 많이 만듭니다. 대조영의 일대기를 다룬 만화를 상영하거나 발해의 고분 벽화를 퍼즐로 맞히는 프로그램도 만듭니다. 발해인들이 입었던 옷을 입고, 즐겨 먹었던 음식을 만드는 체험을 하는 공간도 만듭니다.

임경업과 병자호란
♣41쪽

1. 독해력과 정보를 압축하는 능력이 요구된다.
   예시 답안
   임경업 장군은 한결같은 마음으로 나라를 사랑한 조선 시대 장군이다. 이괄의 난을 제압하면서 능력을 인정받기 시작했다. 병자호란을 일으킨 청나라에 목숨을 바쳐 맞선 용기 있는 사람이다 등.

2. 병자호란의 원인을 아는 문제다.
   예시 답안
   조선이 명나라와 친하게 지내면서 청나라를 멀리했기 때문에 일어났다.

3. 창의력 가운데 구체성을 기른다.
   예시 답안
   남북한이 통일이 되어 더 강한 나라가 되게 해주소서/학원을 안 다녀도 되는 나라가 되게 해 주소서 등.

♣42쪽

4. 강화조약을 이해하고, 백성의 심정을 추론하는 능력이 필요하다.
   예시 답안
   청나라가 우리나라에 부당한 요구를 많이 해 억울합니다. 황금과 물품을 바치고, 청나라를 위해 전쟁까지 대신 해야 하니 살기 고달픕니다. 나랏일을 하는 사람들이 청나라와 명나라 사이에서 외교 관계를 잘못해 이런 조약을 맺었다고 생각하니 화가 납니다.

5. 분석력과 논리력이 필요한 문제다.
   예시 답안
   -청나라를 정벌하자=청나라에게 받은 수모를 잊으면 안 된다. 청나라를 정벌해 복수하고, 우리나라의 자존심을 되찾아야 한다.
   -청나라의 기술을 받아들이자=나라의 힘이 약하면 병자호란 같은 치욕은 반복될 것이다. 청나라의 기술을 받아들여 강한 나라를 만드는 게 우선이다.

6. 종합적인 능력이 필요하다.
   예시 답안
   병자호란은 명나라와 친하게 지내면서 청나라를 멀리했기 때문에 일어났다. 다른 나라와 관계를 맺을 때는 의리만 중요하게 생각해서는 안 된다. 어떻게 하면 우리나라에 도움이 될지도 따져 생각해야 한다. 다른 나라의 상황이 수시로 변하니 주의 깊게 지켜보고, 어떻게 행동할지 현명하게 판단해야 한다.
   청나라가 침략했을 때 강한 군사력으로 막아냈다면 불합리한 강화조약을 맺지 않았을 것이다. 외국과의 전쟁이 발생해도 빠른 시간 안에 강력하게 대응한다면 다음에 쉽게 쳐들어오지 못할 것이다. 그러기 위해서는 평화로울 때도 군사 훈련을 열심히 하고, 신무기를 갖추는 등 군사력을 키워야 한다.

우리나라가 정치·경제적으로 강한 나라였다면, 다른 나라가 쉽게 넘볼 수 없었을 것이다. 국제 사회에서 영향력이 강한 나라가 되어야 한다. 우리나라와 사이가 나쁘면 손해라는 생각이 든다면 쉽게 싸움을 걸지 못할 것이다.

박지원과 『열하일기』
♣47쪽

1. 독해력과 정보를 압축하는 능력이 요구된다.
예시 답안
박지원은 백성을 위해 나라의 개혁을 주장한 『열하일기』를 지은 사람이다 등.

2. 독해력을 바탕으로 추론하는 능력이 필요하다.
예시 답안
양반을 비판하는 내용이 많고, 오랑캐라고 무시하던 청나라를 본받자는 내용이 못마땅해 양반들이 책으로 출간되지 못하게 막았기 때문이다.

3. 분석력과 논리력이 필요한 문제다.
예시 답안
『열하일기』는 조선 시대의 실학자이자 문장가인 박지원이 쓴 중국 여행기입니다. 그가 중국 청나라 시대(1780년)에 조선을 출발해 수도 연경(지금의 베이징)을 거쳐 황제의 여름 별장인 열하(지금의 청더)까지 여행하는 과정을 자세히 기록했습니다. 모두 26권이며, 정치, 경제, 문화 등 다양한 분야와 시, 소설 등 문학 작품도 함께 실었습니다. 중국의 풍습과 문화를 한국에 자세히 소개해 두 나라의 문화 교류에 큰 역할을 했습니다. 한국과 중국의 외교 내용이 잘 드러나 있어 역사 자료로 가치도 큽니다.

♣48쪽

4. 드라마 기획 능력을 기른다.
예시 답안
-만들고 싶은 작품=양반전
-만드는 이유=백성을 못살게 굴고 무능력한 양반의 모습을 재미있게 풍자하고 싶기 때문에.
-시청 대상=부패한 조선 시대 양반의 모습을 쉽게 알고 싶은 초등학생.

5. 실학을 평가해 광고 문구로 압축해 표현하는 문제다.
예시 답안
백성이 잘살고 행복한 나라/실제로 필요한 것을 배워 실천하는 나라 등.

6. 종합적인 능력이 필요하다.
예시 답안
박지원이 살던 조선 시대는 이론만 강조하는 학문을 중요하게 여겼다. 또 상공업을 천하게 여겨 새로운 기술을 빨리 받아들이지 못했다. 우리나라가 선진국이 되려면 학생들이 실생활에 도움이 되는 공부를 하고, 다른 나라의 좋은 기술을 적극 배우고 적용할 수 있어야 한다.

박지원 살던 시대처럼 지금도 일부 공무원은 뇌물을 받거나 부정한 방법을 사용해 국민의 이익보다 자신의 이익을 채우려는 사람이 많다. 이러한 공무원은 엄격히 처벌하고, 그런 행동을 부끄럽게 여기는 사회 분위기를 만들어야 한다.

조선 시대는 신분제 때문에 능력이 뛰어나도 신분이 낮으면 나랏일을 할 수 없었는데, 지금도 성별이나 학벌, 장애 등 때문에 차별하는 경우가 있다. 정부는 누구나 원하는 교육을 받고, 차별 없이 일할 수 있게 만들어야 한다.

신윤복과 풍속화
♣53쪽

1. 요점을 파악하는 독해력이 필요한 문제다.
예시 답안
신윤복은 그림에 재주가 많은 집안에서 태어나 어려서부터 자연스럽게 그림을 접했다. 도화서에 얽매이지 않고 이곳저곳 떠돌며 자신이 그리고 싶은 작품을 마음껏 그렸다.

2. 필요한 정보를 찾아 한 문장으로 표현하는 능력이 필요하다.
예시 답안
섬세한 필치의 신윤복을 만나러 오세요/신윤복의 미인도 보러 오세요 등.

3. 기획 능력이 필요한 문제다.
예시 답안

만들 기념품	USB 메모리/마우스 패드/공책 등
활용할 작품	미인도
작품을 선정한 이유	단아한 미인의 모습을 보면 마음이 편해져 컴퓨터가 더 잘될 것 같아서

♣54쪽

4. 배경지식을 바탕으로 비교·평가하는 능력을 요구한다.
예시 답안

	신윤복의 '쌍검대무'	김홍도의 '무동'
그린 대상	양반과 기생, 악사	춤추는 아이와 악사
그림의 분위기	도시적이며, 세련되고 화려하다.	서민적이며, 소박하고 정감 있다.
사용한 색깔	검은 묵으로 가늘게 선을 그리고, 빨강과 파랑 등으로 채색했다.	검은 묵으로 굵게 선을 그리고 옅게 채색했다
춤추는 모습	칼춤을 추는 왼쪽 기생은 느리게, 오른쪽 기생은 빠르게 움직이는 것처럼 표현했다.	춤추는 아이의 발과 팔의 움직임이 생생하고, 음악에 맞춰 옷자락이 휘날리는 것 같다.

5. 학습한 내용을 적용해 스토리텔링 능력을 기른다.
예시 답안
'단오풍정'에선 창포물에 머리를 감고 그네를 뛰는 단옷날의 풍습을 볼 수 있습니다. 이 그림에는 10명의 사람이 각자 다른 행동을 하고 있네요. 오른쪽 위의 나무 밑에 있는 두 여인은 머리를 다듬으며 앉아 있어요. 한 사람은 머리카락을 길게 늘어뜨렸는데, 트레머리라는 가발입니다. 당시에는 탐스러운 머리를 예쁘게 생각해 가발이 유행했어요. 빨간색 치마를 입은 여인은 그네를 타려는 걸까요, 내려오는 중일까요. 오른쪽 아래에는 머리에 짐을 지고 걸어가는 여인이 있네요. 옷차림이 초라한 걸 보니 신분 낮은 심부름꾼 같네요. 왼쪽 아래 개울가에는 여인 4명이 맨살을 드러내고 각각 다른 모습으로 씻고 있어요. 그런데 왼쪽 위 바위 틈새로 스님 두 명이 엿보고 있어요.

6. 종합적인 능력을 기른다.

💡 예시 답안

　신윤복의 풍속화는 여인의 모습을 파격적으로 그리는 등 남들이 그리기 꺼리는 주제가 많습니다. 화려한 색은 사람의 마음을 흐리게 한다고 여겨 잘 사용하지 않았던 때였는데, 강렬한 원색도 자유롭게 썼습니다. 그래서 신윤복의 그림을 점잖지 못하다고 비판하는 사람도 있습니다. 풍속화는 그 시대 사람이 사는 모습을 그린 것입니다. 실제 생활 모습을 솔직하게 그리지 않고, 남들에게 자랑하고 싶은 것만 그린다면 그 시대를 제대로 알리기 어려울 것입니다. 특히 윤복은 배경과 인물을 세밀하고 정확하게 묘사했습니다. 윤복의 풍속화 덕에 조선 후기의 살림과 복식, 양반의 놀이 문화를 생생하게 알 수 있습니다. 따라서 신윤복 풍속화의 가치를 높이 평가해 국보로 지정했고, 역사 연구에도 귀중한 자료로 활용하고 있습니다.

신재효와 판소리

♣ 59쪽

1. 독해력이 필요한 문제다.

💡 예시 답안

　판소리 이론을 체계적으로 정리했다/제자들을 양성했다/판소리 여섯 마당을 문자로 기록해 정리했다 등.

2. 학습한 배경지식을 바탕으로 추론하는 문제다.

💡 예시 답안

　판소리가 입에서 입으로 전해지는 과정에서 정확하게 전달되지 않아 잘못된 가락으로 변하기도 하고, 내용이 바뀌기도 한다는 사실을 알았기 때문이다.

3. 독해력이 필요한 문제다.

💡 예시 답안

　신분 계층에 따라 사람을 차별하는 것을 비판적으로 생각했고, 사람은 누구나 그 자체로 존엄하다고 생각해 모든 사람을 존중했다.

♣ 60쪽

4. 학습한 배경지식을 바탕으로 비교·분석하는 능력을 요구한다.

💡 예시 답안

공통점	차이점
이야기가 길며, 줄거리를 극적인 노래로 표현한다/대화체의 말과 음악적인 노래로 구성된다/고대 소설 등 문학적 요소에 바탕을 둔다 등.	판소리는 한 사람의 고수가 북 장단만으로 노래를 부르지만, 오페라는 관현악단의 연주로 음악 효과를 높인다/판소리는 극중의 줄거리가 바뀌어도 무대 장치나 의상의 변화 없이 표현하지만, 오페라는 각 인물에 맞는 의상을 입고 줄거리에 맞게 구성된 무대 장치를 배경으로 연기한다/판소리는 특별한 분장이나 지휘자가 필요하지 않아 언제 어디서나 공연할 수 있지만, 오페라는 무대를 갖춘 극장에서 연출자나 지휘자의 감독이 있어야 공연할 수 있다 등.

5. 창의력 가운데 융통성과 구체성을 기르고 문제해결력이 필요한 문제다.

💡 예시 답안

　판소리 명창들이 해외에서 공연할 때 그 나라 사람들이 쉽게 이해할 수 있도록 가사를 그 나라 말로 번역해 제공한다. 판소리 내용을 관객이 알면 함께 울고 웃으며 즐길 수 있을 것이다.

6. 학습한 배경지식을 종합해 표현하는 능력이 요구된다.

💡 예시 답안

　판소리는 우리 조상의 얼과 삶이 담긴 가장 한국적인 음악이다. 소리꾼이 고수의 장단에 맞춰 창과 말과 몸짓을 섞어 가며 이야기를 엮어간다. 판소리는 소리꾼과 청중이 하나가 되어 만든다는 점에서 서양의 음악과 다르다. 소리꾼의 창과 말에 장단을 맞추는 고수의 추임새에 따라 청중도 '얼씨구', '좋지' 등으로 맞장구치며 흥을 더한다. 1964년 대한민국 중요무형문화재 제5호로 지정되었으며, 2003년에는 유네스코의 세계무형유산으로 등록되어 판소리의 독창성과 우수성을 인정받았다.

　하지만 판소리는 우리의 관심 부족으로 설 자리를 잃고, 이름만 겨우 유지하는 형편이다. 우리 소리와 가락의 소중함과 멋을 아는 소리로 부활할 수 있도록 판소리를 즐길 수 있는 환경을 만들어야 한다. 판소리를 생활에서 더 쉽게 대하고 재미있게 들을 수 있는 방법도 고민해야 한다. 가장 한국적인 것이 가장 세계적인 것이다. 판소리 보전을 위해 모두 힘 써야 한다.

지석영과 종두법

♣ 65쪽

1. 글의 내용을 이해했는지 확인하는 문제다.

💡 예시 답안

　종두법이 자신들의 생계를 위협한다고 생각한 무당들, 개화를 반대하는 사람들, 외국 문물에 두려움을 갖고 있던 사람들, 일본에 적대적인 사람들, 두창은 하늘이 내린 피할 수 없는 벌이라고 생각한 사람들 등.

2. 독해력과 정보를 압축해 표현하는 능력이 필요하다.

💡 예시 답안

　천연두가 큰 문제여서 정부도 심각하게 여겼다/과거 치료법으로는 천연두에 대처할 수 없으며, 종두법이 해결책임을 관리도 알고 있었다/종두법에 관한 지석영의 명성이 높았다 등.

3. 배경 지식을 압축적으로 표현하는 능력을 기른다.

💡 예시 답안

　지석영은 우리나라 근대 의학의 선구자로 꼽힙니다. 최초로 종두를 실시해 천연두를 물리치는 데 이바지했습니다. 또 우리나라 최초의 근대식 의학 교육 기관인 의학교 설립에 큰 역할을 했고, 의사를 키워내는 데 앞장섰습니다. 우리나라를 천연두의 공포에서 구해낸 그의 위대한 과학 업적을 '과학기술인 명예의 전당'에 올려 널리 알려야 합니다.

♣ 66쪽

4. 창의력 가운데 구체성과 융통성이 필요하다.

💡 예시 답안

　천연두를 물리치는 데만 열중해 평생을 바친 사람이다 등.

5. 학습된 정보를 바탕으로 문제 해결 능력을 기른다.

💡 예시 답안

　종두를 접종하는 장면을 직접 보여주며 종두가 천연두를 물리칠 최고의 방법임을 알린다/신문 등을 통해 종두 접종 캠페인을 벌인다/전국의 마을 이장 등 지역의 대표를 한곳에 모아 종두 접종의 중요성을 교육한다 등.

6. 학습한 정보를 활용해 종합적인 사고력과 논리력을 발휘한다.
◈ 예시 답안

　지석영, 종두 예방 접종에 성공하다
　지석영이 우리나라 최초로 종두 접종에 성공했다.
　그는 제생의원에서 종두법을 배운 뒤 서울로 돌아오는 길에 충북 충주의 처가에 들러 두 살짜리 처남에게 종두를 실험했다. 종두에 관한 지식이 없는 처가의 반대가 심했지만 설득 끝에 종두 예방 접종을 할 수 있었다. 시술 나흘 만에 접종 효과가 나타나기 시작했다.
　지석영은 당시 감격을 "처남의 팔뚝에 우두 자국이 똑똑하게 나타나는 것을 보았을 때의 기쁨은 무엇에 비할 수가 없었다."고 밝혔다. 그는 또 "지금까지 많은 어린이가 천연두로 고통 받았는데, 종두 예방 접종을 통해 해결할 수 있게 됐다."고 말했다.
　종두는 우두를 사람에게 접종해 천연두에 걸리지 않도록 예방하는 방법으로, 영국의 제너가 발견했다.

전봉준과 동학농민혁명
♣ 71쪽
1. 독해력이 필요하다.
◈ 예시 답안

　과거 민란은 단순히 지배층의 부정부패에 대항해 일으켰지만 동학농민혁명은 모든 사람이 평등하다는 주장을 했다. 외세 배척을 목표로 했다는 점도 다르다.
2. 학습한 정보를 바탕으로 추론하는 능력을 기른다.
◈ 예시 답안

　농민군 진압을 구실 삼아 우리나라에 들어온 청나라와 일본에게 나라를 송두리째 빼앗길 수도 있었기 때문이다.
3. 배경지식을 구체적으로 적용하는 능력이 요구된다.
◈ 예시 답안

> **동학 농민군의 개혁안**
> 1. 부패한 관리들의 죄를 자세히 밝혀 벌하라.
> 2. 백성을 괴롭히고 나쁜 짓을 일삼던 부자와 양반을 벌하라.
> 3. 법에서 정한 이외의 세금은 걷지 마라.
> 4. 노비 문서를 없애고 천민의 대우를 개선하라.
> 5. 일본과 몰래 통한 사람을 처벌하라.
> 6. 농민에게 땅을 골고루 나눠 줘라.

♣ 72쪽
4. 배경지식과 추론하는 능력이 필요하다.
◈ 예시 답안

　전봉준과 동학 농민군이 바란 세상은 썩은 관리들에 시달리지 않고, 농민과 천민이 차별당하지 않는 세상이었다. 그리고 일본 등 외세의 입김에도 흔들리지 않는 탄탄한 나라를 원했다.
5. 배경지식을 바탕으로 자신의 생각을 논리적으로 펼치는 능력을 기른다.
◈ 예시 답안

　-훗날을 위해 힘을 기르는 것이 옳다. 아무리 싸움의 의지가 강해도 무기가 보잘것없고 전투 기술이 떨어지면 패하고 말 것이기 때문이다. 창칼을 들고 총이나 대포 등 최신 무기로 무장한 관군과 일본군에 대항하는 것은 어리석은 일이다. 그보다는 모든 전력을 한곳으로 모아 힘을 기르고 때를 기다리는 것이 나을 것이다.
　-지더라도 힘을 다해 싸우는 것이 옳다. 부정한 관리들에게 무작정 당하고만 살 수는 없다. 게다가 일본에게 나라를 빼앗길지도 모르는 상황에서 마냥 훗날을 기다리기만 할 수도 없다. 일본군의 화력이 막강하다고 머뭇거리는 사이 우리나라는 일본의 손으로 넘어가고 말 것이다.
6. 학습한 정보를 활용해 종합적인 사고력과 논리력을 발휘한다.
◈ 예시 답안

　동학농민혁명은 1894년 전라도 고부에서 전봉준을 중심으로 동학교도와 농민들이 신분 차별 철폐와 세금제도를 개선하기 위해 일으켰습니다. 근대적인 농민 혁명이었지만 오랫동안 제대로 평가받지 못했습니다. 지난 2004년 3월 '동학농민혁명 참여자 등의 명예 회복에 관한 특별법'이 제정되었는데, 기념일 지정은 계속 미뤄지고 있습니다.
　동학농민혁명은 백성이 중심이 되어 나라를 새롭게 바꾸고, 외세의 침략에서 나라를 지켜 살기 좋은 세상을 만들려던 의지를 보여주었습니다. 그리고 정부와 관리의 반성을 이끌어내 그 뒤 나라의 개혁을 실시하는 계기가 되었습니다. 또 일본이 우리나라를 빼앗았던 시기에는 의병 투쟁과 3·1운동을 일으키는 정신으로 이어졌습니다. 따라서 동학농민혁명의 정신을 계승하기 위해 국가 기념일 지정은 반드시 필요합니다.

김좌진 장군과 청산리대첩
♣ 77쪽
1. 독해력과 요약 능력이 필요한 문제다.
◈ 예시 답안

　김좌진 장군은 자신은 돌보지 않고 우리나라의 독립을 위해 일본과 맞서 청산리전투에서 크게 승리했다. 그 결과 우리 민족에게 나라를 되찾을 수 있다는 자신감을 주었다. 죽는 순간까지 독립군을 길러내는 등 나라를 위해 평생을 바쳤다.
2. 독해력을 바탕으로 분석력이 요구된다.
◈ 예시 답안

　-언제=1920년 10월 21·26일
　-어디서=중국 청산리 일대에서
　-누구와=일본군과
　-왜=봉오동전투에서 크게 진 일본군이 공격해서
　-어떤 방법으로=지형을 잘 활용해 일본군이 계곡 안으로 깊숙이 들어올 때까지 기다렸다가 일시에 공격해
　-결과=독립군이 크게 이김
3. 독립 투쟁 방법을 이해하고, 융통성을 기른다.
◈ 예시 답안

　일본이 강제로 우리나라를 빼앗았기 때문에 우리도 무력으로 맞선다/교육과 산업 발전을 통해 일본보다 힘센 나라가 되도록 노력한다/일본의 침략 행동을 외국에 널리 알리고 도움을 받는다 등.

♣ 78쪽
4. 김좌진 정군에 대한 배경지식을 제목으로 압축해 표현하는 문제다.

➡ 예시 답안

김좌진 장군 옛집과 순국 장소 복원 등.

5. 창의력 가운데 독창성과 구체성을 기른다.

➡ 예시 답안

청산리전투 현장 답사하기/청산리전투를 다룬 만화 영화 보기/김좌진 장군이 남긴 어록 부채 만들기/점토로 김좌진 장군 만들기 등.

6. 종합적인 능력이 필요하다.

➡ 예시 답안

김좌진 장군처럼 자신의 이익을 챙기지 않고, 나라를 위해 애쓴 사람들이 많다. 그 덕분에 지금처럼 평화롭고 안정된 나라에서 살 수 있다. 우리는 나라를 위해 일한 사람들에게 감사하는 마음을 가져야 한다. 또 그들이 한 일을 자랑스럽게 생각할 수 있는 사회 분위기를 만들어야 한다.

그런데 최근 독립운동가들의 후손 가운데 어렵게 사는 사람이 많다고 한다. 독립 유공자의 후손들이 어렵게 산다면 나라에 위기에 닥쳤을 경우 나라를 구하기 위해 몸을 던지는 사람들이 많지 않을 것이다.

따라서 국민 모두 그들이 조상의 애국 활동에 자부심을 느끼며 살도록 배려해야 한다. 해외에서 어렵게 사는 후손들이 있다면 국내로 초청해 도움을 주는 등 고국이 그들의 노력을 잊지 않았음을 느끼도록 해야 한다. 해외에서 돌아오지 못한 동포들이 원한다면 고국에 와 살 수 있는 기회도 만들어야 한다.